Desarrollando Inteligencia Espiritual

T0148006

DESARROLLANDO INTELIGENCIA ESPIRITUAL

SESENTA REFLEXIONES QUE TE ACERCARÁN A DIOS...

*"El que posee entendimiento ama su alma;
El que guarda la inteligencia hallará el bien."*

Proverbios 19:8

EDUARDO VILLEGAS

Número de Control de la Biblioteca del Congreso de EE. UU.:	2011915681
ISBN:	Tapa Blanda	978-1-4633-0904-6
	Libro Electrónico	978-1-4633-0903-9

Este Libro fue impreso en los Estados Unidos de América.

Para pedidos de copias adicionales de este libro, por favor contacte con:
Palibrio
1663 Liberty Drive
Suite 200
Bloomington, IN 47403
Llamadas desde los EE.UU. 877.407.5847
Llamadas internacionales +1.812.671.9757
Fax: +1.812.355.1576
ventas@palibrio.com
359706

"Pero Dios nos las reveló a nosotros por el Espíritu; porque el Espíritu todo lo escudriña, aún lo profundo de Dios."

1 Corintios 2:10

PRÓLOGO

APROXIMADAMENTE ENTRE LOS años 60-64 de esta era, Pablo, desde Roma, escribió a la iglesia de Colosas: *"...no cesamos de orar por vosotros, y de pedir que seáis llenos del conocimiento de su voluntad* [de Dios] *en toda sabiduría e **inteligencia espiritual**."*[1] Estas dos palabras juntas (inteligencia espiritual) no se repiten en toda la Biblia, sin embargo, la palabra griega que se traduce como inteligencia (*"súnesis"*, que significa: "poner juntos mentalmente, entendimiento, conocimiento"[2]), aparece también cuando Jesús, de tan solo doce años, se encontraba en el templo sentado con los doctores de la ley: *"Y todos los que le oían, se maravillaban de su **inteligencia*** [súnesis] *y de sus respuestas."*[3] Pero probablemente no era la forma como Jesús conocía de memoria los textos de la Ley, lo que maravillaba a los rabíes y estudiosos, sino su comprensión e interpretación profundas unidas a la aplicación real a sus vidas diarias que aquel pequeño les mostraba. Jesús vivía lo que decía, vivía plenamente la Palabra, de hecho, Él es la Palabra. En ambos casos, la Biblia nos está hablando de una comprensión mayor a la intelectual, de una capacidad superior a la mental o emocional; esta *súnesis* significa verdadera sabiduría manifestada como **el nivel de conocimiento de la voluntad de Dios**. En otras palabras: si alguien conoce profundamente la voluntad de Dios, y usa y pone fielmente en práctica ese conocimiento, tiene mucha Inteligencia Espiritual y, por el contrario, si ignora la voluntad de Dios, tiene poca Inteligencia Espiritual. Jesús únicamente hacía la voluntad del Padre; nunca estuvo, ni por un instante, fuera de ella, por lo cual nos mostró la mayor Inteligencia Espiritual posible, el límite de la genialidad espiritual.

---

[1] Colosenses 1:9b. Énfasis añadido.

[2] Según la: "Nueva Concordancia Strong Exhaustiva", James Strong, LL.D, S.T.D. 2002, Editorial Caribe, página 83 del diccionario de palabras griegas, acápite 4907.

[3] Lucas 2:47

Por su parte Juan, ya anciano, escribió: *"Pero la unción que vosotros recibisteis de él* [Jesús], *permanece en vosotros, y no tenéis necesidad de que nadie os enseñe...*"[4] El apóstol se está refiriendo a la misma Inteligencia Espiritual, manifestada como un fluir de sabiduría que no necesita de maestro alguno. Llama la atención que ésta unción (ungüento, aceite), no nace de adentro de los creyentes sino que es **recibida de Jesús y luego permanece** en los receptores de la carta, que es toda la Iglesia de Cristo.

Por último, Jesús no solo confirma lo anterior sino que explica claramente que este conocimiento es otorgado directamente por el Espíritu Santo: *"Aún tengo muchas cosas que deciros, pero ahora no las podéis sobrellevar. Pero cuando venga el Espíritu de verdad, **él os guiará a toda la verdad**...*"[5] Y esa unción que Juan menciona que proviene de Dios, es Dios mismo ya que Jesús también dice: *"Mas el Consolador, el Espíritu Santo, a quien el Padre **enviará** en mi nombre, **él os enseñará todas las cosas, y os recordará todo lo que yo os he dicho.***"[6]

Dios tiene una voluntad que es buena, agradable y perfecta[7] para tu vida y la de tu familia y descendencia. Él tiene planes para la humanidad durante esta vida y en la Eternidad, y tú y yo tenemos un rol trascendente en esos planes, pero **no podemos cumplir el propósito de nuestra vida, si desconocemos la voluntad del que nos creó.** Cuando alguien va a trabajar, procura hacerlo en aquello para lo que se preparó (porque le gusta y lo hace bien), y frecuentemente hablará con su supervisor para que le explique cual es su rol y que es lo que se espera que haga; cual es el resultado que se espera que produzca. También querrá saber cual es su rango de decisión (que puede decidir por si solo y que debe consultar primero con su gerente), y por supuesto qué recibirá a cambio, en la forma de remuneración, derechos y beneficios. Pero al ignorar a Dios, actuamos como quien entra a una oficina sin haber hablado con su jefe jamás y no lo busca; no sabe lo que le gustaría o podría hacer allí, no sabe lo que se espera que haga porque no conoce siquiera el nombre del cargo ni la empresa, y comienza a trabajar a ciegas, haciendo lo que se le ocurre, sin saber como le van a remunerar. ¿Crees que podrá tener éxito en ese lugar? ¿Será posible que obtenga una profunda satisfacción en lo que hace y que además le paguen bien? Por supuesto que no, en pocos minutos será gentilmente escoltado por seguridad hasta la puerta de salida... Urge volvernos al Creador, dejar de lado nuestra arrogancia e independencia y desarrollar Inteligencia Espiritual para

---

[4]   1 Juan 2:27a

[5]   Juan 16:12-13a

[6]   Juan 14:26

[7]   Romanos 12:2

ser llenos del conocimiento de Su voluntad. Solo entonces tendremos acceso a Su guía y a Sus bendiciones y promesas. Por siglos y generaciones hemos sido rebeldes, creyendo que nuestra voluntad es mejor que la Suya, que nuestros propios planes nos llevarán a una mejor vida y que no necesitamos de Él, pero los resultados son claramente visibles: la humanidad ha alcanzado niveles inimaginables de desarrollo en la ciencia y la tecnología, mostrando una Inteligencia Intelectual superior, pero muchos de los mayores avances tecnológicos provienen de la preparación para la guerra (baja Inteligencia Espiritual). La investigación y desarrollo alrededor del comportamiento humano en ciencias como la psicología y sociología, ha sido nada menos que impresionante y fascinante, pero buena parte de ese conocimiento se ha usado para enseñarnos a satisfacer nuestros deseos sin confrontar nuestros sentimientos de culpa, y aprender a ejercer nuestra voluntad, no la de Dios (baja Inteligencia Espiritual). Por último la religión, que debería ayudarnos a entender a Dios, se enfoca mayormente en nosotros mismos, en nuestro comportamiento moral y ético, y no en desarrollar una relación viva con el Dios vivo. La religión limita nuestra percepción de Dios a comportamientos, rituales, tradiciones y hábitos, en vez de rasgar el velo y mostrarnos Su Presencia. Es como relacionarte con tu papá guiado por la biografía que escribió una tía. ¿Cómo puedo estar lleno del conocimiento de la voluntad de alguien con quien no me relaciono? Y a diario observamos como pensadores, intelectuales, filántropos y filósofos, líderes mundiales continuamente debaten sobre como dirigir al mundo, erradicar la pobreza y enfermedades, vivir en paz y proteger al planeta, pero nada tangible se logra, sino lo contrario. ¡Que poca Inteligencia Espiritual!

Afortunadamente la Biblia nos habla de una Inteligencia Espiritual que está viva, que es activa: **Pablo** ora porque sus discípulos, al igual que tú y yo hoy día, recibamos Inteligencia Espiritual no en forma teórica sino práctica, real, tangible. **Juan** habla en presente continuo cuando enseña que con esa unción "no tenemos necesidad de que nadie nos enseñe," y **Jesucristo** hace referencia a Sí Mismo, al Espíritu Santo de Dios que es eterno y que vive en nosotros y con nosotros. Entonces la respuesta es clara: si permitimos que el Espíritu Santo more en nosotros, tendremos acceso a esa Inteligencia Espiritual, que proviene directamente de Su unción, de Su Presencia, de Su Espíritu…

Ahora bien, cabe resaltar que Jesús no solo sabía lo que el Padre quería, sino que actuaba completamente de acuerdo y sujeto a esa voluntad. No somos inteligentes espiritualmente si conocemos la voluntad de Dios pero la ignoramos. La Inteligencia Espiritual se manifiesta como obediencia a esa voluntad superior. No es una habilidad teórica sino una vivencia práctica; no es ocasional sino diaria; no se desarrolla con una técnica sino con una relación (con el Espíritu Santo); no depende del número de neuronas sino de tu amor y fe…

INTRODUCCIÓN

C UANDO DIOS INSTRUYÓ a Josué, el sucesor de Moisés, le dijo: *"Nunca se apartará de tu boca este libro de la ley, sino que de día y de noche meditarás en él, para que guardes y hagas conforme a todo lo que en él está escrito, porque entonces harás prosperar tu camino, y todo te saldrá bien."* [8] Luego, en los siguientes capítulos del libro de Josué podemos comprobar que, efectivamente Dios prosperó el camino de Josué y literalmente, todo le salió bien, por lo cual sabemos que éste gran líder obedeció la orden de Dios. Sin embargo, no puedo imaginarme a Josué todo el día predicando y confesando la Palabra, **sin apartar el libro de su boca**, ni tampoco meditando en ella el cien por ciento de su tiempo (**día y noche**). Él necesitó tiempo para guiar al pueblo a la tierra prometida, repartir la tierra a las doce tribus, dirigir batallas, etc., de modo que no pudo haberse dedicado exclusivamente a leer y predicar la ley.

El Nuevo Testamento, por su parte, también nos invita a orar siempre, como en el caso de Pablo en su primera carta al pueblo de Tesalónica donde ordena: *"Orad sin cesar."* [9] Pero, ¿se puede orar sin cesar? Si quisiéramos tomarlo literalmente, ¿se puede orar sin detenerse para comer y dormir? Es claro que la Palabra se refiere a un estado mental de oración, adoración y comunión con Dios, y no a pasarnos veinticuatro horas al día de rodillas.

La Biblia es un libro inspirado por el Espíritu Santo y contiene la Palabra que es el Verbo: Cristo. Es un libro completamente sobrenatural e inagotable, que contiene el poder de cambiar nuestras vidas mucho más allá de la suma de todos los buenos libros alguna vez escritos. En lo personal he aprendido que cuando un versículo bíblico o aún un trozo de él, penetra y toca las fibras más íntimas de mi ser interior, mi mente permanece meditando en esa Palabra sin esfuerzo alguno durante horas y a veces días. Durante este proceso, puedo captar como esa Palabra toca aspectos profundos de mi vida y transforma mi forma de pensar, de vivir y

---

[8]   Josué 1:8
[9]   1 Tesalonicenses 5:17

de ver al mundo. Es emocionante percibir en nuestro interior el efecto renovador y sanador de la Palabra; sentir como somos restaurados mientras se desploman fortalezas en nuestra mente, volviéndonos más centrados en Dios y obteniendo una perspectiva más amplia; haciéndonos menos críticos y más compasivos, más felices, completos, sabios; con un sentimiento profundo de pertenencia y misión de vida. En ese proceso descubro más de la voluntad de Dios para mí, entendiendo muchas veces las razones por las cuales paso por ciertas circunstancias y retos, obteniendo así un poco más de luz sobre el cuadro completo que Dios me tiene preparado. De ésta forma voy llenándome, poco a poco, del conocimiento de la voluntad de Dios para mí, aumentando mi Inteligencia Espiritual…

¿CÓMO USAR ESTE LIBRO?:

*"Tú guardarás en completa paz a aquel cuyo pensamiento en ti **persevera**; porque en ti ha confiado."* Isaías 26:3

H OY EN DÍA, gran parte de la humanidad busca paz pero, a pesar de todas las múltiples opciones disponibles en el mundo, muy pocos parecen alcanzarla. En esta cita que data de unos setecientos años antes de Cristo, el profeta nos comparte la fórmula divina y eterna para ser **guardados en completa paz**: Que nuestro **pensamiento persevere en Él**.

Pero ¿cómo se puede hacer que nuestra mente persevere en Él sin convertirse en un esfuerzo puramente intelectual? ¿Pueden, por ejemplo, las repeticiones recitadas de versos aprendidos de memoria mejorar nuestra relación con Dios? La historia nos muestra que eso hacían los religiosos mientras Jesucristo caminó por esta tierra, y fueron ellos quienes lo crucificaron.

Otros se apartan a lugares solitarios, lejos de toda mundanalidad, buscando paz en la soledad y el misticismo pero, ¿qué pueden hacer los que además de paz y una relación con Dios desean una familia, un trabajo atractivo y tener amigos? Jesús afirma que los que lo siguen no son de este mundo pero Él mismo los envía al mundo.[10] Parece que entonces Su estrategia es "arreglar" al planeta, en vez de huir de él.

En medio de un mundo tan complejo y volátil, creo que la mejor manera de vivir la vida es volviendo a lo básico, al fundamento. Si observamos con detenimiento, descubriremos una intrínseca conexión entre lo maravilloso y lo sencillo; entre lo glorioso y lo humilde. Es como si lo extremadamente complejo estuviera construido sobre lo simple, como cuando comparamos al macrocosmos con el micro, al sistema solar con un átomo. Jesucristo es el mejor ejemplo: el

---

[10] Juan 17:16 *"No son del mundo, como tampoco yo soy del mundo."* Y verso 18: *"Como tú me enviaste al mundo, así yo los he enviado al mundo."*

Dios Omnipotente, encarnado en un simple carpintero; el Rey de reyes y Señor de señores, montado en un burrito; el Maestro y Señor, lavando los pies a Sus discípulos...

En línea con esto, éste libro tiene una propuesta práctica muy simple: Una declaración de fe, en voz alta, del título de la página, seguida por una corta meditación al comenzar y al terminar el día, sobre una lectura diaria de no más de un minuto, basada en una cita bíblica específicamente seleccionada para ese día. Además te invito a escribir en un cuaderno personal, tus propias reflexiones así como tres palabras claves extraídas de los versos escogidos ese día. Y por último, leer con fe la corta oración al final de la misma página. Este sencillo ejercicio te permitirá iniciar una relación diaria con el Espíritu Santo de Dios, porque tu meditación **perseverará** durante tus actividades diarias y aún mientras descansas por las noches. Día a día, tus paradigmas serán retados y muchas fortalezas y argumentos se desplomarán. Tu personalidad y carácter comenzarán a dar espacio a la personalidad y carácter de Dios, comenzarás a ver al mundo, a la humanidad, a los tuyos y sobre todo a ti mismo o misma, un poco más de la manera que Dios te ve. Poco a poco, esa Unción hallará espacio en ti y comenzará a guiarte para tomar mejores decisiones, para tener una mejor actitud y descubrir tesoros escondidos dentro de ti. Es Dios recomenzando Su mayor obra: Tú.

De ser posible, comparte la lectura con alguien, recuérdala, medítala. Necesitamos urgentemente volver a lo esencial, y ese es el objetivo de este libro: reconectarte con Dios de una manera sencilla y práctica, basada en principios bíblicos eternos y no en técnicas artificiales; generando una relación real con el Padre, no una ilusión; una amistad construida sobre Su Verdad y no sobre la imaginación; una comunión basada en Él, por Él y para Él, y no en nuestras opiniones ni paradigmas.

ADVERTENCIA

E STE LIBRO NO pretende en manera alguna sustituir a la lectura diaria de la Biblia que es la Palabra de Dios y el Pan diario de todo creyente verdadero. Este trabajo es tan solo una manera, entre muchas otras existentes, de animarte a iniciar una relación con el Espíritu Santo de Dios y que de esa forma *"seáis llenos del conocimiento de su voluntad en toda sabiduría e inteligencia espiritual."*

Todas las citas bíblicas fueron tomadas de la Versión Reina-Valera de 1960.

Todos los énfasis y subrayados a dichas citas bíblicas fueron agregados por el autor.

AGRADECIMIENTOS

A L ESPÍRITU SANTO por procesarme diariamente, con profundo amor y ternura. Gracias Padre porque *"no hay bien para mí fuera de ti."* Gracias por estar siempre presente, por Tu fidelidad, por Tu paciencia…

A mi esposa Marve y a mis hijos. Mi familia es mi mayor inspiración y donde a diario veo, a pesar de nuestras muchas imperfecciones, la Presencia, la Gracia y la obra de nuestro único Dios.

A todos los pastores y ministros, hombres y mujeres, ancianos y niños que Dios ha usado para mí aprendizaje y bien.

A cada adversario, a cada opositor, a cada dificultad y reto que ha puesto a prueba mi carácter y mi confianza en Dios, porque me han permitido conocer más de Su gracia y de Su poder.

"Vivir separados del Creador es nocivo para la salud"

En el primer libro de la Biblia, en el libro de Génesis, capítulo tres, se narra lo que conocemos como la caída del hombre, y se explica como Adán y Eva murieron espiritualmente al comer del fruto del árbol de la ciencia del bien y del mal. Aunque siguieron físicamente vivos, perdieron su comunión con Dios, se sintieron desnudos verso 10 y fueron expulsados del jardín de Edén, verso 23 el cual era un lugar lleno de armonía y plenitud. Sus vidas se marchitaron como flor sin agua ni sol. Durante todos estos siglos, todos nosotros hemos heredado esta separación ya que, aunque Adán y Eva fueron creados a imagen de Dios,[11] sus descendientes fuimos creados a imagen de ellos.[12] Sin embargo, Jesús de Nazaret nos redimió, nos libertó de esa maldición y trajo restauración, para volvernos al plan original: *"Porque así como en Adán todos mueren, también en Cristo todos serán vivificados."*[13]

Conociendo Su corazón:

Inteligencia Espiritual: La Biblia dice que viviremos de toda Palabra que sale de la boca de Dios, [14] y también que de la abundancia del corazón habla la boca.[15] La Biblia no fue escrita para fundar religiones sino para revelarnos lo que hay en el corazón del Señor. Solo ella contiene la Palabra que sale de Su boca y que proviene de su corazón. Si conoces Su Palabra, conocerás también Su corazón.

---

[11]   Génesis 1:23a *"Entonces dijo Dios: Hagamos al hombre a nuestra imagen, conforme a nuestra semejanza;..."* Génesis 1:27: *"Y creó Dios al hombre **a su imagen, a imagen de Dios lo creó**; varón y hembra los creó."* (Énfasis añadido).

[12]   Génesis 5:3 *"Y vivió Adán ciento treinta años, y engendró un hijo **a su semejanza, conforme a su imagen**, y llamó su nombre Set".* (Énfasis añadido)

[13]   1 Corintios 15:22

[14]   Mateo 4:4 *"El respondió y dijo: Escrito está: No sólo de pan vivirá el hombre, sino de toda palabra que sale de la boca de Dios."* Jesús al igual que en Lucas 4:4, está citando a Deuteronomio 8:3

[15]   Lucas 6:45 *"El hombre bueno, del buen tesoro de su corazón saca lo bueno; y el hombre malo, del mal tesoro de su corazón saca lo malo; **porque de la abundancia del corazón habla la boca.**"*

"Lámpara es a mis pies tu palabra,
Y lumbrera a mi camino, " Salmos 119:105

- *Recuerda leer solo el tema del día, procura no adelantarte*

- *Escoge el lugar más adecuado para este libro, quizás sea tu mesa de noche, el asiento del copiloto en tu auto o dentro de tu bolso o maletín*

- *Declara con tu boca el título del tema del día, en el encabezado de la página*

- *Revisa tu lectura por la mañana y de nuevo al final del día, idealmente antes de acostarte. Sin embargo, vuelve a leer el mismo tema tantas veces como te provoque durante el transcurso del día, recuerda que solo necesitas un minuto cada vez*

- *Toma algunos instantes para ordenar tus pensamientos respecto a la lectura del día. Eso ayudará a que tu pensamiento "persevere" en la idea meditada. Escribe en un cuaderno tus reflexiones sobre ese día y tres palabras claves que te atraigan del versículo. Comparte tu lectura con algún ser querido o amigo*

- *Ora la oración escrita al final de cada hoja, Dios te enseñará a hablar con Él*

- *Si algún tema toca particularmente tus sentimientos, no dudes en continuar leyendo esa lectura durante el siguiente o más días. Mientras percibas que Dios te está "hablando" mediante algún versículo, sigue leyéndolo, y pasa al siguiente solo cuando sientas que ya has "exprimido" el anterior*

Comencemos…

DÍA 1

Hoy amaré a Dios con todo mi ser

*"Y amarás al Señor tu Dios con **todo** tu corazón, y con **toda** tu alma, y con **toda** tu mente y con **todas** tus fuerzas. Este es el principal mandamiento."* Marcos 12:30

CUANDO PIENSO EN los mandamientos, pienso en no matarás, no mentirás, no esto y no aquello, pero acá Jesús establece que el mayor de todos los mandamientos no comienza con una negación sino con un verbo, y uno muy especial: **amar**, y no a cualquiera sino: **a Dios**. Además está en presente continuo: Lo amarás hoy y siempre, en salud o enfermedad, abundancia o escasez, durante tus éxitos y en los fracasos. Dios establece el **cuando: siempre**, y también el **como: con todo**. Amarlo es el mayor de todos los mandamientos porque si lo amas, los demás se cumplen solos. Para el Padre lo más importante es tu amor, ¿no es fabuloso?

Dios no está con un mazo advirtiéndote lo que no debes hacer, Él tiene sus brazos extendidos para apoyarte en lo que quieres hacer. No está en tu contra, está a tu favor; no te acusa, te libra; no ve tu pasado, sino tu potencial; quiere tu obediencia pero también tu amistad. Quiere formar parte de tus planes y acompañarte a diario, quiere ser tu primera opción y llenar completamente cada área de tu vida. Él es feliz cuando estás feliz. No quiere solamente tus cantos los domingos, Él quiere una relación diaria.

*"Padre, aquellos que me has dado, quiero que donde yo estoy, también **ellos estén conmigo…"*** Juan 17:24a

Oración: Padre Santo, ayúdame a amarte más, con todo mi ser, en todo lo que hago. Quiero estar siempre contigo. Amén.

DÍA 2

Hoy me dejo transformar por ti.

"Por lo cual, desechando toda inmundicia y abundancia de malicia, recibid con mansedumbre la palabra implantada, la cual puede salvar vuestras almas."
Santiago 1:21

LA MAYORÍA DE nosotros nacimos y fuimos criados bajo los principios del mundo y no los del Reino de los Cielos. Nos precedieron muchas generaciones apartadas de Dios, y es por eso que vivir bajo los principios bíblicos, para muchos, es algo tan extraño como difícil. Sin embargo, Pablo nos invita, por la salvación de nuestras almas, a que recibamos **con mansedumbre** la Palabra de Dios. Les he hablado de Cristo a muchas personas, y no pocos lo han rechazado con rebeldía. Algunos me retan a convencerlos, como si fuera mi obligación, mientras otros, simplemente rechazan Su Palabra solo porque imaginan que Jesús pudo haber sido un extraterrestre o cualquier otra cosa imaginable. Ya lo dijo el profeta: *"Mi pueblo fue destruido, porque le faltó conocimiento"* Oseas 4:6

Pero la invitación del apóstol es a que recibamos, con mansedumbre, una cirugía espiritual, un implante de Su pensamiento en nuestra mente humana. Dios quiere injertar Su mente sobrenatural, llena de fe y poder, y romper la maceta que aprisiona nuestro cerebro, corazón y voluntad. Déjate expandir, déjate instruir por Dios, disciplinarte, transformarte; volvamos a la fuente, a la raíz que se adormeció por generaciones, por falta de agua viva. Permite que Dios penetre y ensanche tu mente, que Su Espíritu venga a morar en el tuyo, para que milagrosamente tus pensamientos comiencen a imitar los de Él.

"Mas nosotros tenemos la mente de Cristo." 1 Corintios 2:16b

Oración: Amado Jesús, injerta tu Palabra en todo mi ser. Ayúdame a pensar como tú; a ver a mi vida, mi familia y mis circunstancias a través de tus ojos. Amén.

DÍA 3

Hoy enciendo Tu Espíritu en mí.

"No apaguéis al Espíritu." 1 Tesalonicenses 5:19

L EYENDO ESTE VERSO imagino un interruptor en aquella parte de nuestra mente donde nos conectamos con el Espíritu Santo que, a nuestra conveniencia, encendemos o apagamos. Si llegamos a la Iglesia o al estudio bíblico en casa, presionamos ON y comenzamos a hablar "cristianés" (aleluya, gloria a Dios, bendito, etc.), pero luego de salir de ahí, nos reunimos con un grupo un poco más "terrenal" y entonces presionamos el botón de OFF del espíritu, para relajarnos y permitirnos un chistecito malicioso o criticar el vestido de fulanita y, en un instante, la carne está otra vez al mando. Pero ¿cómo es posible? ¿Acaso no somos la luz del mundo, Mateo 5:14 y nuestra luz (de Jesús) prevalece sobre las tinieblas? Juan 1:5

Tú eres una antorcha invisible a los ojos humanos, pero muy luminosa en lo espiritual. Adonde tu llegas, no solo las "malas vibras" sino hasta los demonios huyen. Eres un agente de cambio, un ente transformador, un motivador, un dador, un sembrador. Suelta Su Palabra, no te detengas, el mundo necesita de Dios y de nosotros más que nunca: Alumbra, alumbra, alumbra, no te apagues nunca, no te canses, **no apaguéis al Espíritu**. Que tu vida sea un testimonio vivo de Jesús. ¡Avívalo, levántalo, exáltalo!

*"Así alumbre **vuestra** luz delante de los hombres, para que vean **vuestras** buenas obras, y **glorifiquen a vuestro Padre** que está en los cielos."*
(Mateo 5:16)

Oración: Enciende tu llama en mí Señor, desde ahora hasta la noche, y aún mientras duermo. Amén.

DÍA 4

Hoy Te abro mi corazón.

*"He aquí, yo estoy **a la puerta y llamo**; si alguno **oye** mi voz y **abre** la puerta, **entraré a él, y cenaré con él**, y él conmigo."* Apocalipsis 3:20

HOY EN DÍA vivimos "urgentemente". Todo apremia, el tiempo no alcanza, la intimidad no existe en medio de llamadas, mails, mensajes de texto y facebook. Siempre hay más pendientes que los que podemos lograr, pero **nada de eso realmente urge**. Lo único que urge es que nos reconciliemos con nuestro Creador para que nuestra vida pase de lo banal a lo trascendente, de lo limitante a lograr lo imposible. Tu vida es valiosa y Dios te la dio para cosas mayores que vivir asfixiado e inconcluso. La buena noticia es que en este mismo instante **aún** tienes tiempo de reconciliarte y de pasarte a Su equipo, Él está allí mismo esperándote...

Jesús está a la puerta pero no de tu casa, sino de tu corazón; tocándolo con mensajes, con palabras de amor, con detalles y con la infinita belleza de Su creación; hablándote y esperando que te deshagas de todas esas voces y de todo ese ruido, y que le pongas atención, que atiendas y oigas Su voz, y abras tu corazón para que Él pueda entrar a iluminarte, sanarte, restaurarte, librarte, limpiarte. Cenar es un símbolo bíblico de intimidad (como la última cena), y con increíble humildad, tú Papá celestial quiere cenar contigo, quiere hablarte y oírte, abrazarte y que lo abraces, darte a comer de Su sabiduría y darte a beber de Su agua viva. No lo sigas despreciando, dilatando, hazlo feliz y déjalo hacerte feliz ahora mismo...

"Si conocieras el don de Dios, y quién es el que te dice: Dame de beber; tú le pedirías, y él te daría agua viva." Juan 4:10b

Oración: Bendito Jesús, Maestro mío. Te abro de par en par las puertas de mi corazón. Ven a cenar conmigo, a morar en mí, quiero ser tu templo. Amén.

DÍA 5

Hoy te buscaré porque estarás cercano.

"Buscad a Jehová mientras puede ser hallado, llamadle en tanto que está cercano."
Isaías 55:6

N UNCA ME HAN atraído los predicadores que usan el miedo y el castigo, sin embargo, aprecio mucho el valor de una amorosa advertencia, y aquí el profeta nos advierte que en algún momento (que no dice cuando, ni si será individual o colectivo), será ya muy tarde para buscar a Dios; no podrá ser **hallado** porque estará **lejano**. Dios dice que en ese momento *"…me llamarán, y no responderé; Me buscarán de mañana, y no me hallarán."* Proverbios 1:28 Como en aquel terrible día en que las puertas del Arca se cerraron y comenzó la tormenta, Dios desaparecerá de nuestro alcance. ¡La mayor de las tragedias! Buscar <u>finalmente</u> a Dios y no poder hallarlo, no conseguir su perdón ni consuelo, el fin de la esperanza…

Pero los profetas no anuncian el caos para que lo suframos, sino para que lo evitemos; y ésta es una invitación para que le subamos la prioridad a Dios <u>hoy</u>; para que ahora mismo deje de ser nuestra última opción y pase a ser la primera. Dale las primicias del día, de tu mente, de tu alma, de tu trabajo; dedícale este y cada día. Él aún está al alcance de tu mano, pero quiere más, quiere mudarse a ti y vivir contigo; te ama tanto que espera anhelante tu invitación, no lo demores más y dile: "Precioso Jesús, entra en mi vida, entra a mi corazón; te abro las puertas de mi alma. No quiero perderte, que sería perderme… Hoy quiero hallarte, aunque se que eres tú quien me ha hallado. Guíame Papá, y nunca me sueltes. Amén."

*"Entonces me invocaréis, y vendréis y oraréis a mí, y yo os oiré; y **me buscaréis y me hallaréis**, porque me buscaréis de todo vuestro corazón."* Jeremías 29:12-13

Oración: Hoy te busco Papá, y se que te hallaré. Yo sé que tú me oyes porque te busco con todo mi corazón…

DÍA 6

Llamaré las cosas como si ya lo fueran.

*"(como está escrito: Te he puesto por padre de muchas gentes) delante de Dios, a quien creyó, el cual da vida a los muertos, y **llama las cosas que no son, como si fuesen.** Romanos 4:17*

HACE UNOS MESES lloré amargamente al percatarme, mientras oraba, de que por muchos años juzgué y condené a mi hermano (quien falleció en el año 2006), atándolo más que ayudándolo, justo cuando él necesitaba lo contrario: honra y ánimo. Nuestras palabras son poderosas, por eso al día siguiente que Jesús maldijo la higuera, Pedro le dijo: *"...Maestro, mira, la higuera que maldijiste se ha secado."* Marcos 11:21 Una dama me testificó una vez como, cada vez que su esposo se dormía embriagado, ella tomaba la botella de licor ya vacía y, momento de arrojarla al canasto, declaraba: "Esta es la última vez que mi esposo bebe licor." Parecía locura pero se mantuvo creyendo, llamando durante muchos meses a las "cosas que no son como si fueran", hasta que un buen día el marido, intempestivamente, dejó la bebida, y hoy toda su familia no solo se congrega sino también sirve a Dios.

Nuestra boca fue creada para bendecir, no maldecir; para construir, no destruir; para interceder, no para acusar. Cuando juzgamos llenos de rabia estamos alimentando exactamente aquello que odiamos, es como inyectarle virus al enfermo o golpear al malherido. Bendice a tus hijos también cuando se portan mal, bendice a tu matrimonio cuando tu cónyuge actúa bruscamente, y a tu jefe aún cuando se muestra arrogante. Solo así seremos transformados y transformaremos al mundo. No lo dejes para después, quizás luego sea demasiado tarde…

"De cierto os digo que todo lo que atéis en la tierra, será atado en el cielo; y todo lo que desatéis en la tierra, será desatado en el cielo." Mateo 18:18

Oración: Señor, hoy llamo a mis circunstancias y a mis seres queridos según tu Palabra, usaré mi boca tan solo para el bien.

DÍA 7

Hoy pongo en práctica lo aprendido.

Jesús dijo: "*Cualquiera, pues, que me **oye** estas palabras, y **las** hace, le compararé a un hombre prudente, que edificó su casa sobre la roca.*" Mateo 7:24

JESÚS SE REFIERE no solo a la casa física donde habitas sino también a tu cuerpo, a tu hogar, a tu familia, a tus hijos, tu carrera y tus sueños. ¿Sobre qué construyes? Quizás estás confiado en el buen trabajo o negocio que tienes (¡que bueno!), sobre una gruesa cuenta bancaria o propiedades (¡que bueno!) o en tu excelente educación y la de tus hijos (¡que bueno también!). Todos esos son grandes beneficios de los que podemos y debemos disfrutar libremente, si los tenemos; y si no, es bíblicamente sabio procurarlos. Sin embargo no debemos construir nuestras vidas fuera de la Roca (Cristo). Pero ¿cómo se construye sobre la Roca? 1) Oye Su Palabra, y 2) Actívala en ti, ponla en acción.

Creo que la teología y la filosofía son ciencias muy interesantes, pero acá Jesús nos enseña que sus enseñanzas más que para ser discutidas, deben ser puestas en acción; sus principios son eternos pero prácticos, son profundos pero sencillos, para meditarse pero también para ejecutarse. Son como Él: El resplandor de la Gloria de Dios encarnado en un carpintero. ¿Te gustaría cambiar el mundo? Te tengo una excelente noticia, es posible y puedes empezar ahora mismo, cambiando tú. ¿Cómo? Oye Su Palabra y actívala en ti.

"*Pero sed **hacedores** de la palabra, y no tan solamente oidores, **engañándoos** a vosotros mismos.*" Santiago 1:22

Oración: Yo hoy pongo en práctica tu Palabra porque las buenas intenciones, por si solas, no son suficiente. Yo hoy, contigo, ¡soy un agente de transformación!

DÍA 8

Mi espíritu está alerta a Tu Espíritu.

"Pero Dios nos las reveló a nosotros por el Espíritu; porque el Espíritu todo lo escudriña, aún lo profundo de Dios." 1 Corintios 2:10

CONOCÍ A UNA dama que le ponía picante en las uñas a su hijo pequeño, para que dejase de comérselas, y se me ocurre que quizás, con el tiempo, al niño le comenzó a gustar la comida mexicana. Ella quería resolver en lo físico un conflicto emocional. El niño no se mordía las uñas porque le gustara su sabor sino como una manifestación física de la ansiedad de su alma. Del mismo modo, no se puede reparar, con herramientas, la imagen de tu televisor en tu sala, si lo que se dañó fue la antena repetidora que está a varios kilómetros de distancia. El problema se detecta en tu habitación, pero su origen está en "los cielos."

Debemos estar atentos a lo espiritual, no trates de ignorarlo. Bendice tu matrimonio (sin importar si existen diferencias), tu salud, tu oficina, tus finanzas. Abre las cortinas espirituales, para que entre la luz. Pídele a Dios que te revele cualquier ansiedad en tus hijos. Filtra lo que ven en la tele, y no dejes entrar por ella ni por tu computadora aquello que no dejarías entrar por la puerta. Invita a diario al Espíritu Santo para que llene tu casa de Su Presencia, para que te dé sabiduría para educar a tus hijos, para trabajar, para vivir. Ora cada noche por tus hijos, pequeños y grandes, sellándolos con el Espíritu Santo y expulsa, en el nombre de Jesús, todo espíritu de temor en ellos, en ti y en tu casa. ¡Desátalos! Pídele a Dios que habite en los sueños y el alma de cada miembro de tu familia, y que llene vuestros pensamientos con Su paz y santidad.

"Pero el hombre natural no percibe las cosas que son del Espíritu de Dios, porque para él son locura, y no las puede entender, porque se han de discernir espiritualmente." 1 Corintios 2:14

Oración: Padre Santo, dame discernimiento para tratar espiritualmente mis circunstancias diarias. Amén.

DÍA 9

Creo en el único Dios, no en filosofías humanas.

*"Mirad que nadie os **engañe por medio de filosofías y huecas sutilezas**, según las tradiciones de los hombres, conforme a los rudimentos del mundo, y no según Cristo."* Colosenses 2:8

L A IGLESIA DE Colosos estaba siendo infiltrada con doctrinas de culto a los ángeles como "intermediarios" entre Dios y los hombres, así como con filosofías de influencia judía y griega, y por eso Pablo les aclara en el verso siguiente de su carta que solamente Cristo es Dios: *"Porque en él* [Cristo] *habita corporalmente toda la plenitud de la Deidad,"* Verso 9.

Hoy en día las enseñanzas Nueva Era no distan mucho de las enseñanzas que Pablo condena acá, por lo que nos advierte que no nos dejemos engañar por doctrinas "espirituales" basadas en razonamiento humano, según *"tradiciones de los hombres, conforme a los rudimentos del mundo."* Es gigantesco el grado de vanidad al que hemos llegado, queriendo nosotros, los seres creados, definir a nuestro Creador. Apenas conociendo una fracción de lo que Dios puso en nuestro cerebro y con un muy limitado entendimiento de la pequeñísima galaxia que habitamos, queremos juzgar al Creador de la vida. ¿No podríamos ser un poquito más humildes para filosofar menos y buscar las preguntas en Aquel que tiene todas las respuestas?

"Nadie os prive de vuestro premio, afectando humildad y culto a los ángeles, entremetiéndose en lo que no ha visto, vanamente hinchado por su propia mente carnal," Colosenses 2:18

Oración: Espíritu Santo, ayúdame a no confundir la sabiduría humana con la Celestial. Solo tú eres Dios, y no hay otro que se parezca a ti.

DÍA 10

Hoy renuevo mi mente y entiendo que Dios no tiene "manchas".

*"... Dios es luz, y **no hay ningunas tinieblas en él"** 1 Juan 1:5*

E N NUESTRO DIARIO vivir, a veces nos enfrentamos a la adversidad y a circunstancias que no entendemos y con frecuencia, en vez de soltarlas, nos resistimos a ellas y procuramos hallar una explicación que satisfaga nuestro intelecto, que reconcilie lo que sucedió con nuestras creencias, y que nos traiga paz. Y cuando no lo logramos, atribuimos la dificultad a la "voluntad" de Dios. Una vez escuché a un pastor decir que él nunca tomaba vacaciones porque, cuando Dios quiere que descanse, "me manda una gripe y me mete tres días en cama" pero, ¿cómo puede enfermarte el mismo que te sana? Hasta las pólizas de seguros hoy en día clasifican a los desastres naturales como "actos de Dios." Sin embargo Santiago dice que una misma fuente no puede producir aguas dulces y amargas... Santiago 3:11-12.

Pero Juan nos enseña que en Dios no hay tinieblas sino que Él es solo luz, y la luz solo sabe iluminar. Cuando miras a través de una lupa, los objetos se ven mayores pero no son así en la realidad, sino que hay una distorsión causada por la lente. Cuando culpabilizas (ves tinieblas) en Dios, lo que crees no es real sino que hay una distorsión en tu mente. De hecho, el atribuirle maldad a Dios se llama blasfemia. Si tratas de humanizar a Dios solo tendrás una religión, pero si ensanchas tu mente buscándolo sinceramente, entonces tendrás una relación.

*"... **transformaos** por medio de la **renovación de vuestro entendimiento**, para que comprobéis cuál sea la buena voluntad de Dios, agradable y perfecta."*
Romanos 12:2

Oración: Espíritu Santo, renueva mi entendimiento para ver todo como Tú lo ves. Aparta de mí toda religiosidad y queja. Amén.

DÍA 11

Jesús, eres Real, Eterno, Verdadero.

*"Lo que era desde el principio, lo que hemos **oído**, lo que hemos **visto** con nuestros ojos, lo que hemos **contemplado**, y **palparon** nuestras manos tocante al Verbo de vida"* 1 Juan 1:1

JUAN, EL APÓSTOL y discípulo amado, comienza su primera carta exhortándonos a creer la maravillosa historia de la que él y muchos otros fueron testigos: que ellos no solo oyeron y vieron a Jesús, el eterno (era desde el principio), sino que también lo contemplaron y lo palparon con sus manos. ¿No es maravilloso? Contemplar y palpar con las manos al Verbo de vida, a la Palabra viviente, al Cristo, al Mesías, encarnado en forma de varón perfecto. Más adelante Pablo nos llena de esperanza cuando nos advierte que *"Jesucristo es el mismo ayer, hoy y por todos los siglos."* Hebreos 13:8

Jesucristo es el Verbo (Palabra) de vida, y Su esencia está sobrenaturalmente impresa en la Biblia. Es por eso que ningún otro libro transforma vidas de la manera que la Palabra lo hace. Oye Su Palabra, lee (ve) las Escrituras, medítalas y comenzarás a entender (contemplar) el corazón de nuestro Señor. Y cuando lo adores de corazón y sientas Su Presencia, exáltalo y levanta las manos a Él… quizás puedas palparlo.

"Porque la palabra de Dios es viva y eficaz, y más cortante que toda espada de dos filos; y penetra hasta partir el alma y el espíritu, las coyunturas y los tuétanos, y discierne los pensamientos y las intenciones del corazón."
Hebreos 4:12

Oración: Señor quiero oírte y verte, quiero palparte y contemplarte. Revélate a mí, hoy…

DÍA 12

Soy creado a Tu imagen, conforme a Tu semejanza.

Cuando Felipe le pidió a Jesús que les mostrase al Padre, éste respondió: *¿Tanto tiempo hace que estoy con vosotros, y no me has conocido, Felipe?* **El que me ha visto a mí, ha visto al Padre;** *¿cómo, pues, dices tú: Muéstranos el Padre?* Juan 14:9b

S EGÚN ISAÍAS 53:2, Jesús era *"sin atractivo para que le deseemos,"* pero acá afirma que verle a Él, es ver al Padre. Entonces, ¿cómo es el Padre? Creo que la respuesta está en el verso siguiente: *"¿No crees que yo soy en el Padre, y el Padre en mí?* **Las palabras que yo os hablo,** *no las hablo por mi propia cuenta, sino que el Padre* **que mora en mí, él hace las obras.***"* No creo que Jesús esté hablando de que, como hombre, se vea físicamente igual al Padre, sino que, en Sus palabras y en Sus obras, se ve claramente la obra de Dios. Está diciendo: "Tú has estado conmigo por mucho tiempo Felipe, tú me has escuchado hablar Sus palabras; me has visto hacer Sus obras, ¿cómo no me has re-conocido?"

Con demasiada frecuencia olvidamos que Dios vive también en nuestros seres queridos. Si estás como Felipe, queriendo ver físicamente a Dios, quizás debas observar más a tus hijos mientras juegan, o mirar a tu cónyuge un poquito más allá de la superficie de su alma. Observa su trascendencia, y podrás ver al Espíritu Santo. Él mora en ti y en los que te rodean, así que si algún conocido te dice que Dios no existe, dile con humildad pero con certeza: **¿Tanto tiempo he estado contigo y no me conoces?** Quizás para algunos esto sonó raro y hasta hereje, pero la clave de la humildad es ser todo aquello como Dios te creó. Se humilde porque no te creaste a ti mismo, pero regocíjate porque fue Él, el Todopoderoso Dios Omnipotente quien lo hizo.

"Entonces dijo Dios: Hagamos al hombre a nuestra imagen, conforme a nuestra semejanza;..." Génesis 1:26

Oración: Mi Buen Jesús, ayúdame a amarte, obedecerte y ser un reflejo tuyo.

DÍA 13

Hoy recibo Tu Gracia y busco Tu Verdad.

"Pues la ley por medio de Moisés fue dada, pero la gracia y la verdad vinieron por medio de Jesucristo." Juan 1:17

LA LEY DECÍA: Ojo por ojo y diente por diente, y en ella nadie se salvaba porque todos hemos fallado. Afortunadamente Jesús trajo la Gracia y la Verdad. La Gracia es simplemente lo inmerecido, lo que recibes no porque seas digno sino por la dignidad de Aquel quien te lo da. Jamás podremos pagar la salvación, el sacrificio de Jesús en la cruz, pero eso no significa que haya sido gratis, a Jesús le costó toda su sangre. Es de gracia pero infinitamente costoso, impagable. Tenemos que aprender a vivir bajo la Gracia de Aquél que nos ama tanto que pagó todas y cada una de nuestras deudas. Aprende a recibir del Padre, **gózate** en lo que Él te da de Su voluntad. La Verdad, por su parte, está en Su Palabra que nos enseña como vivir y caminar con Él, que nos corrige y transforma. **Estúdiala. Disfruta de la Gracia pero fórmate en la Verdad.**

Debemos aprender a balancear la Gracia y la Verdad, porque cuando la Gracia es mayor, nos relajamos y creemos que Jesús es nuestro alcahuete (grave error); y cuando la Verdad es mayor que la Gracia, nos volvemos legalistas, rígidos jueces de otros. En el mismo orden que Jesús las trajo, debemos primero ofrecer la gracia y, solo entonces, la verdad. Cuando Jesús libró a la mujer adúltera a quien iban a apedrear sin compasión, le dijo: dice: *"...Mujer, ¿dónde están los que te acusaban? ¿Ninguno te condenó? Ella dijo: Ninguno, Señor. Entonces Jesús le dijo: **Ni yo te condeno**;* [La Gracia] *vete, y **no peques más**.* [La Verdad] *"* Juan 8: 10b-11

*"Y aquel Verbo fue hecho carne, y habitó entre nosotros (y vimos su gloria, gloria como del unigénito del Padre), **lleno de gracia y de verdad.**"*
Juan 1:14

Oración: Bendito Jesús, muéstrame tu Gracia pero también tu Verdad, tu amor pero también mi parte.

DÍA 14

Hoy elijo bendecir a los que me acusan.

*"Pilato le preguntó: ¿Eres tú el Rey de los judíos? Respondiendo él, le dijo: Tú lo dices. Y los principales sacerdotes **le acusaban mucho**."* Marcos 15:2-3

AUNQUE PROBABLEMENTE NADIE te ha acusado tanto como para querer asesinarte (crucificarte), quizás alguien si haya intentado crucificar tu matrimonio, tu carrera, tu economía o tu ministerio…en fin, tus sueños. Y al igual que estos sacerdotes que acusaban a Jesús, (los conocedores de la Palabra acusando a la Palabra, al Verbo), a veces los que te atacan son los que uno menos esperaría. En oportunidades no es el vecino embriagado ni tu envidioso compañero de trabajo, sino tu hermano o tu mejor amigo, el que te agrede. Aún tus padres o tu cónyuge parecen, en ocasiones, apostarle al equipo contrario. Pilato sabía que *"por envidia le habían entregado los principales sacerdotes"* verso 10. Los sacerdotes envidiaban la autoridad y el poder de Jesús, pero en vez de imitarlo, decidieron matarlo. Es más fácil destruir lo que nos reta, que aprender de ello. Sin embargo Jesús no respondió. Versos 4-5.

Cuando caminas con Dios, tu vida es transformada; cambian tus hábitos, cambia tu pensamiento y tus palabras, cambian tus acciones, tus decisiones, tu destino. Dios nos devuelve sueños escondidos Salmos 126:1, el Señor comienza a levantarte y, lamentablemente muchos no lo entenderán, incluidos a veces los más cercanos… y quizás hasta te envidiarán y te acusarán. Ámalos, no los reprendas, no discutas ni te distraigas…solo imita a Jesús, y que nadie te aparte nunca jamás de tu Creador.

"Aún el hombre de mi paz, en quien yo confiaba, el que mi pan comía,
Alzó contra mí el calcañar." Salmos 41:9

Oración: Padre, hoy perdono toda agresión de mis seres queridos, y me centro en Ti que eres mi Padre, mi Maestro, mi Dios.

DÍA 15

Hoy elijo impactar al mundo, devolviendo bien por mal.

"Si el que te aborrece tuviere hambre, dale de comer pan, Y si tuviere sed, dale de beber agua; Porque **ascuas** *amontonarás sobre su cabeza, Y Jehová te lo pagará."*
Proverbios 25: 21-22

CUANDO ALGUIEN NOS maltrata tendemos a enfocar nuestros pensamientos contra esa persona, y hasta nos creemos con derecho a criticarle en "defensa propia". Y si en algún momento a esa persona le va mal, nos volvemos sarcásticos y crueles. Pero Dios no opera así, y por eso Salomón propone una estrategia diferente: Cuando veas en necesidad al que te aborrece (quizás Dios permitirá una necesidad en esa persona **para probarte a ti**), rompe el ciclo de mal y transfórmalo en bien. No le resistas sino tiéndele la mano, impáctalo, "quémale" la cabeza transformando su manera de pensar. Por eso Pablo dice: *"No paguéis a* **nadie** *mal por mal..."* Romanos 12: 17a

¿Te está aborreciendo alguien hoy o en el pasado? ¿Está alguien murmurando sobre ti o perturbándote en tu trabajo o vecindario? ¡Que bueno! Aprovecha y lúcete porque Dios te está observando, te está probando; Él está viendo si eres luz o tinieblas, si imitas a Jesús o a esa persona. Tú decides: Puedes vengarte, desahogarte y la persona te odiará más y tú seguirás donde mismo. O puedes ser humilde, sacudirte el orgullo y sinceramente ayudarle; y en agradecimiento, **Dios te lo pagará,** ¡que increíble promesa! Cambiemos nuestro pensamiento. Agradezcamos a Dios por cada persona que nos ha maltratado, herido o dañado; por cada Judas que nos ha traicionado, ellos no saben que han sido instrumento divino para nuestro crecer y caminar junto al Espíritu Santo.

"No seas vencido de lo malo, sino **vence con el bien el mal.***"* Romanos 12:21

Oración: Jesucristo, gracias por mis críticos que me han fortalecido. Ayúdame a ser luz y no tinieblas; parte de la solución y no del problema. Amén.

DÍA 16

Hoy abro mi mente al consejo y a la crítica.

"Escucha el consejo, y recibe la corrección, Para que seas sabio en tu vejez."
Proverbios 20:5

CUANDO ESTAMOS PERTURBADOS, nuestra percepción del mundo cambia drásticamente. Podemos sentir inestabilidad, miedo o vergüenza, impotencia, frustración, dolor, o quizás soledad y rabia (o todas las anteriores), y por lo general buscamos ayuda en alguien. El problema surge cuando por afinidad o temor, ese "alguien" tiene exactamente los mismos problemas que se supone nos ayude a solucionar, de modo que vemos a la esposa con dificultades en su matrimonio, consultándole a la vecina que se ha divorciado tres veces y odia a todos los hombres, o al caballero desempleado, procurando asesoría financiera de su cuñado, que nunca ha permanecido un mes en un mismo trabajo.

Salomón nos enseña a escuchar el consejo, **recibiendo** (aceptando, abriéndonos a la) **corrección**. No se trata de que te digan lo que ya sabes sino lo que ignoras, ni de que te aconsejen los que han fracasado, sino los que han tenido éxito. No se trata de revolcarte en el dolor de tu situación, se trata de salir de él. ¡No sales de un hoyo excavando más! Busca a Dios en oración, busca Su Palabra, y para tu matrimonio, busca también a esos ancianitos que llevan más de sesenta años de casados y siguen juntos y apoyándose, mientras que para tus estudios, consulta al "nerd" de la clase. **Recibe con humildad su corrección**, simplemente saben algo que tú desconoces. Y sobre todo, busca sinceramente el consejo de Dios a través de Su Palabra.

"Bienaventurado el hombre que me escucha, Velando a mis puertas cada día, Aguardando a los postes de mis puertas." Proverbios 8:34

Oración: Padre Santo: Ayúdame a recibir tu corrección y la de los que me rodean, con humildad, para poder ser mejor.

DÍA 17

Hoy sujeto mi carácter a Tu voluntad.

"Y dijo [David] *a sus hombres: Jehová* **me guarde de hacer tal cosa contra mi señor, el ungido de Jehová,** *que yo extienda mi mano contra él; porque es el ungido de Jehová."* 1 Samuel 24:6-7

D AVID SUFRIÓ GRANDES tentaciones, y una pudo haber sido matar al rey Saúl, quien obsesivamente procuraba asesinarle. David clamaba a Dios y, en una oportunidad, sus oraciones parecían haber sido contestadas: Mientras se ocultaba de Saúl, en la misma cueva que éste posteriormente elegiría para descansar, el rey se quedó profundamente dormido, solo… ¡Su peor enemigo servido en bandeja de plata! ¡Al fin llegó la hora de la venganza! Pero David, en vez de ejecutar su justicia basada en una elemental supervivencia que, además parecía providencial (la respuesta a sus oraciones), se limitó a cortar la orilla del manto del rey, y aún después *"…se turbó el corazón de David, porque había cortado la orilla del manto de Saúl."* 1 Samuel 24:5

David no actuaba por orgullo, impulsivamente, guiado por temor o por lo que parecía sensato. A pesar de estar acosado por un enemigo poderoso, él sabía que Dios es omnipotente; a pesar de que Saúl estaba lleno de ira, sabía que Dios los amaba a ambos; aunque todo era una gran injusticia humana, él dejó espacio a la justicia de Dios y respetó la autoridad del rey. Romanos 13:1-2 David escogió el camino correcto que, con frecuencia, es el más difícil: **confiar en Dios y hacer Su voluntad**. Y tú, ¿en base a qué estás actuando hoy? ¿Cuál es el motivo real?

"todo hombre sea pronto para oír, tardo para hablar, **tardo para airarse;** *porque* **la ira del hombre no obra la justicia de Dios.***"* Santiago 1:19-20

Oración: Señor, te cedo mi carácter, quiero hacer solo lo que te agrada, ayúdame a serte fiel. Amén.

DÍA 18

Hoy voy a pasar por alto toda ofensa.

"La cordura del hombre detiene su furor, Y su honra es pasar por alto la ofensa."
Proverbios 19:11

E L MUNDO NOS enseña que debemos ser fuertes y agresivos, que la victoria es del más fuerte, y que tanto la misericordia como el perdón son muestras de debilidad e incompetencia. Pero la perspectiva de Dios es diferente: Se cuerdo, piensa antes de hablar, razona antes de actuar, **detén tu furor** (furia). ¿Te desesperan las injusticias? Muy bien pero… ¿quién te dijo que el mundo era justo? ¿Cómo puede ser justo si está lleno de seres tan imperfectos como tú y como yo? ¿La muerte de Jesús fue justa? Yo creo que fue la mayor injusticia de toda la historia pero sin ella, nadie en el mundo se salvaría.

Además dice que **tu honra es pasar por alto la ofensa.** En las películas del viejo oeste vemos como cuando alguien abofetea a otro con un pañuelo, si el ofendido **tiene honor**, se batirá a duelo. Pero con Dios es al revés, solo demuestras honor cuando ignoras la ofensa, cuando la pasas por alto y no le prestas ninguna atención. Se requiere más dignidad para ignorar la ofensa que para vengarla. La verdadera **nobleza** no viene de tener sangre azul sino un alma noble. ¿Tu cónyuge te respondió secamente? Ten honor y pásalo por alto. ¿Alguien te agredió con su auto en el tráfico? Se honorable, olvídalo inmediatamente, quizás tenga un gran problema. ¿Tu jefe te trató bruscamente? Detén tu furor, no murmures, bendícelo. Simplemente ocúpate de agradar al Espíritu Santo más que de ejecutar tu justicia. Jesús nos dio el ejemplo: detuvo su furor y pasó por alto cada ofensa en la cruz, diciendo más bien: *"Padre perdónalos, porque no saben lo que hacen,"* Lucas 23:24 y aún hoy día lo sigue haciendo, a diario, ¡solo imítalo!

"Todos los días del afligido son difíciles; más el de corazón contento tiene un banquete continuo." Proverbios 15:15

Oración: Jesús, ayúdame a no ser tan frágil con los que me ofenden, no soy de cristal sino fuerte en ti. Ayúdame a imitarte.

DÍA 19

Hoy no solo oigo, también hago.

*"Mas el que **mira atentamente** en la perfecta ley, la de la libertad, y **persevera en ella**, no siendo oidor olvidadizo, sino **hacedor de la obra**, éste será **bienaventurado** en lo que hace."* Santiago 1:25

DIOS NO QUIERE que lo busques desganadamente, como haciendo penitencia, sino que estés atento a tu verdadero bienestar. La libertad que da el mundo no es más que libertinaje, y es completamente falsa: el alcohol, el cigarrillo, las drogas; el adulterio, la fornicación, homosexualismo, lesbianismo, bisexualismo, la masturbación y la pornografía; las apuestas y el azar; las compras compulsivas, el exceso de auto indulgencia, el abuso en los juegos de video, el excesivo comer, el inapropiado uso de medicamentos, la obsesión desmedida con el ejercicio físico, etc., son simplemente ataduras, placeres desordenados que nunca alcanzan, que nunca satisfacen lo suficiente, sino que cada vez exigen más y más, a veces hasta la obsesión.

Pero Santiago afirma que solamente **mirando con atención** a la perfecta ley de la libertad (Su Palabra), y **perseverando en ella** (buscándola a diario), no siendo oidores **sino hacedores** (ejecutores, gente de acción, agentes de cambio), **podemos ser bienaventurados** (benditos, felices, teniendo verdadera satisfacción). Por milenios la humanidad ha procurado violar las leyes de Dios evadiendo las consecuencias, pero nunca tendrá éxito en ello. Su perfecta ley no se puede ignorar, ajustar ni adulterar. Todo buen abogado sabe que el desconocimiento de la ley, no te libra de sus efectos y sanciones.

"Estad, pues, firmes en la libertad con que Cristo nos hizo libres, y no estéis otra vez sujetos al yugo de esclavitud." Gálatas 5:1

Oración: Señor, necesito tu fuerza y decisión para pasar de la teoría a la práctica, quiero ser un hacedor de maravillas. Amén.

DÍA 20

Hoy valoro lo que Dios me ha dado, y lo disfruto.

La serpiente preguntó a Eva, *"... ¿Conque Dios os ha dicho:* **No** *comáis de* **todo** *árbol del huerto?"* Génesis 3:1b

DIOS HABÍA PUESTO límite a sus recientes creaciones humanas, ordenándoles que no comieran del árbol de la ciencia del bien y del mal. Génesis 2:16-17, permitiéndoles sin embargo disfrutar de todos los demás árboles, que debieron ser muchísimos. Pero el trabajo del enemigo es enfocar tu atención en lo que te falta (por poco que sea) y no en lo que tienes (por mucho que sea), procurando a diario convencerte de que cualquier norma o disciplina, te limita y te roba toda tu satisfacción, y que esa es la causa de tu infelicidad. Su mensaje es: "Si con una es bueno, con tres será mejor; si una copa es agradable, diez serán mejor; más es siempre mejor, la codicia es buena", y así logra que muchos desprecien los otros millones de árboles. Eva sintió que no comer de **ese** árbol, era como no comer de ninguno.

Y sus mentiras aún resuenan: "Tienes un lindo auto pero no tienes **ese** del vecino, una linda casa pero no es como **esa** de tu amiga; traes lindas joyas pero no tienes **esa** de la vidriera, tienes una linda esposa pero no es como **esa** de la portada de la revista. Tu Dios te trata con a un mediocre conformista." No te dejes engañar más, basta ya, medita en las motivaciones de tu corazón, y disfruta de los muchos árboles que Él creó para ti. Debemos entender que el plan de Dios para nosotros es bueno, y necesitamos desarrollar discernimiento para detectar las mentiras detrás de cada maquinación del enemigo. Pídeselo a Dios y te las mostrará.

"Examinadlo todo; retened lo bueno." 1 Tesalonicenses 5:21

Oración: Padre Bendito, ayúdame a enfocarme en lo que tengo y no en lo que carezco; limpia mi corazón de toda envidia.

DÍA 21

Soy libre de la murmuración.

*"**Hermanos**, si alguno fuere sorprendido en alguna falta, vosotros que sois espirituales, restauradle con espíritu de mansedumbre, considerándote a ti mismo, no sea que tú también seas tentado."* Gálatas 6:1

¡QUE DIFERENTE A lo que la mayoría hacemos! Con demasiada frecuencia, cuando alguien comete falta, lo que recibe es juicio y murmuración, y no precisamente con espíritu de mansedumbre. Y si esa persona es creyente, el trato es aún peor. Pablo conocía de primera mano ésta condición del corazón de muchos "hermanos", quienes basados en su conocimiento de la Palabra, se creen autorizados para acusar, juzgar y condenar a otros, volviéndose jueces legalistas, olvidando que el mismo Jesús dijo: *"Vosotros juzgáis según la carne; yo no juzgo a nadie."* Juan 8:15

Por supuesto que debemos restaurar al que ha cometido falta, pero eso no se logra criticando y murmurando, o confrontando y amenazando. Pablo explica como hacerlo: 1) Solo restauraremos al que fuere **sorprendido**, no porque nos lo chismearon. 2) Con espíritu de **mansedumbre**: sin agresión, sin hacer reclamos, sin exigencias, llenos de amor. 3) **Considerándote a ti mismo**: no importa que absurdo o imposible parezca, tú también puedes estar allí, caer en lo mismo. Recientemente me encontré discutiendo acaloradamente con mi esposa por algo exactamente igual a lo que, tan solo veinticuatro horas antes, yo había estado comentando sobre otra pareja.

"Así que, el que piensa estar firme, mire que no caiga." 1 Corintios 10:12

Oración: Espíritu Santo, protégeme de caer en aquello que critico; limpia mis ojos para dejar de juzgar. Amén.

DÍA 22

Hoy y siempre mis ojos estarán limpios.

"La lámpara del cuerpo es el ojo; cuando tu ojo es bueno, también todo tu cuerpo está lleno de luz; pero cuando tu ojo es maligno, también tu cuerpo está en tinieblas." Lucas 11:35

¿QUÉ VES NORMALMENTE, luz o tinieblas? ¿Claro u oscuro? Así como la visión de una persona daltónica no está distorsionada por factores externos sino por defectos internos en los cromosomas de quien lo padece, también la claridad con que vemos y juzgamos a personas, acontecimientos y circunstancias puede estar distorsionada por defectos en nuestra alma. Jesús nos enseña que tanto el bien y la luz, como el mal y la oscuridad dependen de lo que tenemos dentro y no de lo externo. Si algo se mira feo allá afuera, pensemos primero de donde se asió esa imagen acá adentro. Quizás la imagen real no es oscura sino que tenemos un poco sucia nuestra lente.

Invita a Jesús a entrar a tu corazón, pídele que limpie tus lentes, que ponga en tus ojos el colirio de Su Palabra, que traiga luz y refresque lo reseco. Apártate de la crítica y el juicio, el mismo Jesús dijo que Él no vino a condenar sino a salvar, y si Él, siendo perfecto y santo no condena, ¿quienes somos tu y yo para hacerlo?

"Por lo cual eres inexcusable, oh hombre, quienquiera que seas tú que juzgas;
pues en lo que juzgas a otro, te condenas a ti mismo; porque tú que juzgas haces
lo mismo." Romanos 2:1

Oración: Jesús, pon el colirio de tu Palabra en mis ojos, para que mi vista sea siempre limpia, clara y fresca.

DÍA 23

Hoy seré fiel en lo poco.

"El que es fiel en lo muy poco, también en lo más es fiel; y el que en lo muy poco es injusto, también en lo más es injusto" Lucas 16: 10

E N EL CAPÍTULO 16 de este Evangelio, Jesús establece dos clarísimos parámetros para evaluar si puede darte más. Veamos el primero: ¿Como eres en lo **muy** poco? ¿Vives amargado por lo que no tienes, con codicia y envidia, culpando a Dios? David decía *"no hay bien para mí fuera de ti,"* Salmos 16:2 es decir no hay nada bueno que no venga de tu mano, y yo agregaría: renuncio a todo lo que no venga de ti. Pero si tú, en medio de la necesidad aceptas lo que no viene de su mano (desde un soborno, pasando por quedarte con el diezmo hasta el dinero en exceso que te devolvió el cajero por error), simplemente le estás diciendo a Dios que lo que Él te da no es suficiente, y que tú tienes que recurrir a fuentes alternas. Entonces si no eres fiel en lo muy poco, ¿por qué pensaría en darte más? ¿Le darías más a un trabajador que te es infiel?

Dios anhela prosperarte. Él es un maravilloso Padre y por eso siempre te va a dar solamente lo que te haga mejorar, no empeorar. Si quieres enriquecerte sin mejorar tu carácter, sin ser procesado ni transformado, solo para saciar tu ego, malcriarte y hacer lo que te venga en ganas, con sufrimiento para ti y tus hijos, no se lo pidas al Padre, pídeselo al diablo. Nuestro buen Papá nunca nos va a dar más de aquello que podamos manejar.

"porque raíz de todos los males es el amor al dinero, el cual codiciando algunos, se extraviaron de la fe, y fueron traspasados de muchos dolores." 1 Timoteo 6:10

Oración: Jesús, enséñame a valorar y apreciar todo lo que me das, para poder recibir más…

DÍA 24

Hoy seré fiel en lo ajeno.

*"Y si en **lo ajeno** no fuisteis fieles, ¿quién os dará lo que es vuestro?"* Lucas 16:12

ACÁ JESÚS ESTABLECE el segundo parámetro: ¿Cuidas de lo ajeno? ¿Tratas la casa alquilada y el auto que te prestaron como si fueran propios? ¿Devuelves todo lo que te prestan? ¿Devolverías inmediatamente dinero a la empresa si por error te depositaran más de lo que te corresponde? ¿Estás gozoso cuando diezmas y le devuelves a Dios lo que le pertenece? Si alguna de tus respuestas es no, entonces ¿quién te dará lo que es tuyo?

Dios evalúa primero como es tu fidelidad con lo que le pertenece a Él o a otros, y basado en esto juzga si puedes darte más o todavía no. Él anhela prosperarte pero no va a malcriarte ni a tentarte más allá de tus posibilidades. Cuida de lo ajeno, presérvalo, diezma y ofrenda con gozo porque Dios es tu proveedor, devuelve todo lo que te han prestado una vez lo uses, cuida con esmero de las instalaciones de tu trabajo o del lugar donde estudias. Si por accidente, chocas a un auto estacionado cuando nadie te ve, se fiel, deja tus datos y paga responsablemente los daños. Se fiel a tu cónyuge y a tu familia, **no mientas nunca**. Dios busca hijos fieles, que sean capaces de confiar en Él y que deseen agradarlo más que cualquier otra cosa. Pídele que te muestre donde te falta fidelidad, y luego, dobla tus rodillas y empieza a clamarle por tus promesas, no solo por lo que necesitas sino también por lo que anhelas, y entonces Él *"os dará lo que es vuestro"*.

"La bendición de Jehová es la que enriquece, Y no añade tristeza con ella."
Proverbios 10: 22

Oración: Padre, todo es tuyo, nada material me llevaré. Enséñame a ser buen mayordomo de lo ajeno. Amén.

DÍA 25

No soy necio sino entendido.

*"Dice el **necio** en su corazón: No hay Dios…. Jehová miró desde los cielos sobre los hijos de los hombres, Para ver si había algún **entendido**, Que buscara a Dios."*
Salmos 14:1-2

¿RECUERDAS LO QUE le pidió Salomón a Dios cuando asumió el reino? Un corazón **entendido**. Y Dios se lo concedió. 1 Reyes 3:9-12. Después de eso Salomón se convirtió no solo en el rey más sabio del mundo sino también el más rico y poderoso que haya existido.

Por siglos la ciencia se ha opuesto a la fe, cuando en realidad ambas se complementan. Solo el libro de los Proverbios menciona diecinueve veces la palabra inteligencia, veintiséis veces la palabra entendido y cincuenta y seis veces la palabra sabio. A lo largo de toda la Biblia vemos como se promueve el conocimiento, la revelación, la superación, el consejo y el entendimiento, y acá Dios explica la diferencia esencial entre el necio y el entendido: **Buscar a Dios.** El que busca a Dios es entendido, el que no lo busca es necio. Dios no se opone a la ciencia, ¿cómo va a oponerse a que estudiemos lo que El creó, cuando además nos dio un cerebro tan curioso? El problema surge cuando creemos que **todo** puede ser explicado a través de ella y que, si la ciencia no lo explica, no existe… Cuídate del orgullo y la necedad. No seas solo inteligente o culto, da un paso más allá: ¡Sé entendido! Busca a tu Creador.

"Profesando ser sabios, se hicieron necios. Romanos 1:22

Oración: Espíritu Santo de Dios, te ruego que me des de tu Espíritu de Sabiduría, quiero ser entendido, no necio. Perdóname tanta rebelión.

DÍA 26

Hoy abro para mis pies, nuevas sendas hacia ti.

*"Por lo cual, levantad las manos caídas y las rodillas paralizadas; y haced sendas derechas para vuestros pies, para que lo **cojo no se salga del camino**, sino que sea sanado."* Hebreos 12: 12-13

COJEAR TIENE DOS consecuencias: Caminamos más lento, y nos salimos del camino. ¿Hay algo que "cojea" en tu vida? ¿Quizás un mal hábito o vicio, un pésimo manejo financiero o un carácter explosivo? Desde insistir en relaciones sentimentales altamente destructivas y dañinas, pasando por la tendencia a posponer o no culminar, hasta simplemente levantarte siempre tarde y comprar todo lo que ves en los estantes, y que no necesitas. ¿Qué cosa en tu vida, si la cambiaras, obtendrías una mejora notoria en tu bienestar o el de los tuyos?

Pablo nos muestra que las cosas deben enderezarse, deben corregirse, de raíz, para que no cojeemos ni nos salgamos del camino. No se trata solo de orar y esperar. Es necesario abrir nuevas sendas para tus pies y no se trata de que comiences a intentar por enésima vez no encender ese cigarrillo o apagar el canal pornográfico, es algo mucho más simple: Levanta las manos caídas (en adoración a Dios) y dobla tus rodillas en clamor a Él y dile: Señor, ya no puedo avanzar por mis pasos, estoy cojo, necesito Tu mano, ven a mi vida. Te aseguro que vas a sentir Su Presencia y que Él va a venir de inmediato a comenzar tu proceso de sanación. Déjalo obrar en ti.

"Lámpara es a mis pies tu palabra, Y lumbrera a mi camino." Salmos 119:105

Oración: Padre, yo reconozco que solo con Tu ayuda puedo corregir mi camino, dejar de cojear. Toma mi mano y guíame, te lo ruego. Amén.

DÍA 27

Conociendo los motivos de mi corazón.

"El corazón del sabio está a su mano derecha, mas el corazón del necio a su mano izquierda." Eclesiastés 10: 2

E L CONSEJO MÁS común que podemos ver en el cine y televisión parece ser: "sigue solamente a tu corazón," y cuando vemos las vidas de la mayoría de los actores que alcanzan fama, nos parece que siguen ese consejo al pie de la letra. "Te conocí hace treinta minutos pero te amo, ¡casémonos!" Y al día siguiente: "ya no te soporto, te odio, ¡divorciémonos!" Algunos necesitan vivir en una montaña rusa emocional: hablando sin pensar, comprando sin contar, manejando sin precaución, arriesgándose sin sentido. La mayoría de la gente le teme a los centros psiquiátricos pero sueña con una noche "loca" mientras muchos otros gustan de "jugar con fuego."

Pero acá el sabio nos enseña que aunque los sentimientos (el corazón) son muy importantes, debemos tenerlo en nuestra mano (donde podemos evaluarlo fríamente), y además en la derecha (todos sabemos que físicamente el corazón se halla del lado izquierdo del pecho). Salomón se refiere a "poner" los sentimientos en el lugar correcto, a hacerlos que actúen dentro del perímetro de tus principios y valores, y bajo discernimiento. ¿Qué es lo que inclina tu corazón hacia alguien, a actuar de cierta forma, a mentir o envidiar, a ayudar y proteger? ¿Quieres realmente saberlo? Ponlo en tu mano derecha, y observa…

"Engañoso es el corazón más que todas las cosas, y perverso; ¿quién lo conocerá?"
Jeremías 17:9

Oración: Padre, no permitas que mi corazón me engañe; muéstrame mis verdaderos motivos y ayúdame a seguirte solo a ti.

DÍA 28

Soy libre de la envidia.

Asaf escribió: *"En cuanto a mí, casi se deslizaron mis pies; Por poco resbalaron mis pasos. **Porque tuve envidia de los arrogantes, Viendo la prosperidad de los impíos.**"* Salmos 73:2-3

LA MEJOR DEFINICIÓN que he oído de una persona envidiosa es "aquella que se entristece cuando a otros les va bien." Y el Nuevo Testamento revela que la misma iglesia está llena de ellas. ¿Cómo quitarnos ésta plaga, que arruina nuestra paz y nuestro sueño? Muchos estudios revelan que los pensamientos no se pueden borrar sino que deben sustituirse, entonces dejemos de pensar en lo que otros tienen y nosotros no, y empecemos a atesorar sanamente lo nuestro.

Aprecia a tus hijos. No son perfectos porque esos están con sus padres perfectos, y ni tú ni yo lo somos. Tu cónyuge es tu ayuda idónea, enfócate un poco más en sus virtudes y menos en sus defectos, exactamente igual a como lo hace Dios contigo y conmigo. Tu familia es tu primer ministerio, bendícela, alábala, cuídala y esfuérzate por ella. Tu trabajo es la manera como Dios te provee y transforma, da tu mejor tú al 110% cada día. No envidies a nadie, alégrate de los éxitos de otros y si te duele un poco, pues ve y dile: "¡Te felicito! Que precioso auto nuevo" o "¡que buena promoción!" Domina tu carne, ejerce carácter y dominio, que no resbalen tus pasos ni se deslicen tus pies. No seas presa de la envidia.

*"El amor es sufrido, es benigno; **el amor no tiene envidia**, el amor no es jactancioso, no se envanece;"* 1 Corintios 13:4

Oración: Señor, no permitas que resbale distraído por la prosperidad de otros; ayúdame a construir y esperar la mía.

DÍA 29

Soy libre de la autosuficiencia.

*"Pedro le dijo: No me lavarás los pies jamás. Jesús le respondió: Si no te lavare, **no tendrás parte conmigo.**"* Juan 13:8

H ACE POCO TIEMPO escuché un hermoso testimonio de una mujer que milagrosamente fue sanada de un cáncer muy severo y que un día, mientras le agradecía llena de gozo a Dios, escuchó que Él le dijo: "No hija, gracias a ti por recibir Mi sanidad". Aunque nos cueste creerlo, Dios quiere que compartamos (tengamos **parte)** con Él y que disfrutemos de sus riquezas en gloria Filipenses 4:19.

Del mismo modo como un buen padre anhela desesperadamente el regreso de un hijo descarriado, y cuando éste vuelve, anhela compartir mucho tiempo con él, para abrazarlo y besarlo, para escucharlo, aconsejarlo y darle abrigo, protección, alimento y bienes, asimismo nuestro buen Padre quiere que regresemos a Él, para abrazarnos, besarnos, reconciliarnos y lavar nuestros pies. Dios quiere arrancar toda la suciedad de nuestro caminar pasado, quiere vendar nuestro corazón quebrantado, sanar nuestras heridas, restaurar nuestra salud física y psicológica, y darnos paz y alegría. El Espíritu Santo anhela que iniciemos una nueva vida junto a Él, conviviendo con Él, compartiendo (teniendo parte) con Él, y si, aunque parezca increíble, que disfrutemos de Él con Él. Debemos aprender a recibir el amor de Dios; sus detalles, su ternura, sus bendiciones, solo así podemos tener parte con Él.

"…para que todos sean uno; como tú, oh Padre, en mí, y yo en ti, que también ellos sean uno en nosotros" Juan 17:21

Oración: Gracias Jesús por querer compartir tu amor y plenitud conmigo. Enséñame a recibir tus regalos como hijo, sin complejos ni religiosidad, sino con humildad y gozo.

DÍA 30

Hay poder en mi boca.

*"En **toda** labor hay fruto; Mas las vanas palabras de los labios **empobrecen**."*
Proverbios 14:23

E STA ES UNA declaración poderosa: En **toda** labor, **sin excepción,** hay un **fruto,** bueno o malo. Los seres humanos fuimos creados para ser fructíferos en **todo** lo que hacemos. La voluntad de Dios es que si trabajas, prosperes; que si cultivas tú matrimonio, mejore cada día más, y que si te ejercitas, tu salud mejore junto a tu figura. El quiere que si estudias, seas capaz de mayores cosas; que si te esfuerzas en educar a tus hijos, ellos crezcan bien encaminados, y que si lo que te gusta es predicar, la gente se convierta a Dios. Él quiere que cuando persigues tus sueños, puedas palpar tus avances y puedas moverte firmemente hacia su cumplimiento.

Pero con demasiada frecuencia destruimos con nuestras palabras, aquello que queremos producir: "este sueldo no me alcanza para nada", "ya no le soporto", "mis hijos son unos malcriados" o "fulano nunca aceptará al Señor". Esas palabras "empobrecen" aquello que tratas de hacer crecer. Es como sembrar una planta y regarla con cloro en vez de agua. Cambia tus palabras, enfócalas, agrégales poder para que *"sean prosperadas en aquello para lo que las enviaste"* Isaías 55:11, para que se cumpla aquello para lo que, como semillas, fueron lanzadas. Que tus palabras no sean vanas ni estériles sino poderosas, dirigidas, para que multipliquen aquello que quieres ver en abundancia, para que produzcan, para que fructifiquen… ¡al ciento por uno!

"Las palabras de la boca del sabio son llenas de gracia, mas los labios del necio causan su propia ruina." Proverbios 10:12

Oración: Señor Jesús, dame sabiduría para sembrar buenas semillas espirituales al momento de hablar; y que todas fructifiquen, en mí y en los míos.

DÍA 31

Soy libre del egoísmo.

*"**Todo** el trabajo del hombre es para **su** boca, y con todo eso **su deseo no se sacia**."*
Eclesiastés 6:7

NUESTRA VIDA CIERTAMENTE gira, con contadísimas excepciones, sobre nosotros mismos. La omnipresente publicidad exalta nuestro derecho a ser consentidos, complacidos y auto indulgentes. Las tarjetas de crédito resaltan que "tú te lo ganaste" y las aerolíneas que "tú te lo mereces." Las parejas se casan con alguien que "los haga felices" y se divorcian por insatisfacción. Muchos artistas famosos son admirados y envidiados hasta la obsesión, a pesar de que sus vidas son completamente desastrosas, llenas de adicciones, perversiones, depresiones. Parece que nunca es suficiente… pero no creo que el problema sea lo que tienes, sino que te falta algo más importante; algo que no puedes comprarte, merecerte ni ganarte, y que no aparece en las portadas de las revistas porque no es visible; algo único que sí tiene la capacidad de complacerte y satisfacerte, eternamente: La amistad de tu Creador. Nada se compara a Él, no hay mejor amigo, consejero, protector, hermano mayor, Padre ni Rey. Y solo Él puede colmarte de bien, nadie más.

Quizás sea hora de que cedas el control de tu vida a quien realmente lo tiene. ¿Por qué buscar agua sucia en el desierto, teniendo un cristalino manantial en tu propio jardín? No busques más de lo que no funciona, ni busques lo bueno donde sabes que no está; cesa ya de darle coces al aguijón. Hechos 9:5, 26:14

*"¿Por qué gastáis el dinero en lo que no es pan, y vuestro trabajo en lo que no sacia? Oídme atentamente, y **comed del bien, y se deleitará vuestra alma con grosura**."* Isaías 55:2

Oración: Espíritu de Dios, enséñame a buscar más en Ti y menos en el mundo allá afuera. Ayúdame a ayudar a los que me rodean.

DÍA 32

Soy libre de la mediocridad y de las limitaciones.

"Mas la senda de los justos es como la luz de la aurora, Que va en aumento hasta que el día es perfecto." Proverbios 4:18

DIOS LLAMA A sus hijos justos no porque nunca se equivoquen, sino porque han creído en Él. Dios es el que justifica pero una vez justificado, debes iniciar una amistad con Él y dejar que te transforme. No puedes convivir con Dios sin que te cambie, sin que Su luz ilumine más y más tu senda, como la luz de la aurora. Si tu vida no cambia, si tu mente no se renueva, debes tener cuidado de la religión seca y oxidada.

El Espíritu Santo de Dios está vivo, y quiere inundar todas las áreas de tu vida. Búscalo a diario, en los buenos y malos momentos, cuando todo va bien y cuando no. Él siempre te conviene, Él siempre te beneficia, no falla, no cambia, no se equivoca. Dale más espacio en tu vida, déjalo entrar en tu cuerpo físico, habitar en tu alma, llenar tu hogar, conectarte con tu cónyuge, guardar a tus hijos, guiar tu trabajo y tus finanzas; llenarte de sueños y hacerlos realidad. Déjalo iluminar más y más la senda por la que caminas. Incluso déjalo esforzarte y retarte, para que crezcas más allá de tus límites aparentes. Jesús quiere hacer más en ti, quiere hacer más contigo. Él es tu socio y el accionista mayoritario en el proyecto de tu vida. Te creó y luego te compró. ¡Se todo aquello para lo que fuiste creado! Por eso Pablo dice que nos despojemos del "viejo hombre" y seamos revestidos del nuevo que:

"...conforme a la imagen del que lo creó se va renovando hasta el conocimiento pleno." Colosenses 3:10

Oración: Jesucristo, incrementa mis talentos, prospera mis esfuerzos, guíame en todos mis caminos, te lo ruego. Amén.

DÍA 33

Hoy me enfoco en lo importante.

"Pero Marta se preocupaba con muchos quehaceres, y acercándose, dijo: Señor, ¿no te da cuidado que mi hermana me deje servir sola? Dile, pues, que me ayude."
Lucas 10:40

MARTA ESTABA ESTRESADA porque, en medio de los múltiples quehaceres causados por la visita de Jesús a su casa, su hermana María permanecía tranquilamente sentada a los pies del Maestro, escuchando con deleite sus palabras de vida eterna. Y cuando estaba ya a punto de explotar por semejante "injusticia", fue y le reclamó al propio Jesús quién le respondió: *"Marta, Marta, afanada y turbada estás con muchas cosas pero solo una cosa es necesaria. Y María ha escogido la mejor parte, la que no le será quitada."* Verso 41

En medio de tantas labores, a Marta se le perdió Jesús. Olvidó que la razón de la cena y el festejo era Él. Estaba tan deseosa de honrarlo y servirlo que ignoró lo que lo que Él quería: **Su atención**. Haz una pausa, detente por solo un instante, deja de "servir" a Jesús a tu manera y ponle atención a Él. Por eso hay tantas personas cansadas como Marta, sobrecargadas, tratando de complacer a todos, de cumplir con todo, sacrificando su intimidad matrimonial, sus hijos, su paz, su alegría, sus finanzas, vacaciones y sueños "por el Señor", pero ¿quién te dijo que Él quería que sacrificaras eso? Ese es el deseo del diablo. Lo que Jesús quiere es tu atención, tu amistad, vivir en ti, pasar mucho tiempo contigo. Él ama tu compañía…

"Padre, aquellos que me has dado, quiero que donde yo estoy,
también ellos estén conmigo,…" Juan 17:24a

Oración: Padre celestial, líbrame de distraerme en los detalles y perder mi vida. Ayúdame a mantenerme enfocado en lo importante.

DÍA 34

Soy libre de paradigmas.

"Marta, Marta, afanada y turbada estás con muchas cosas pero solo una cosa es necesaria. Y María ha escogido la mejor parte, la que no le será quitada" Lucas 10:41-42

NUNCA OLVIDARÉ LA vez que mi hija Mariana, de unos diez meses de edad, ignoró totalmente la hermosa muñeca que le regalé y, en cambio, pasó horas jugando y gateando dentro de la gran caja donde su regalo venía. La verdad pensé lo mucho que me habría ahorrado si hubiera sabido lo que ella realmente quería. Marta también se habría ahorrado mucho esfuerzo y afanes si hubiera sabido lo que Jesús realmente quería, si se hubiese enfocado en la esencia, el fondo y no en la forma. La humanidad cree necesitar muchas cosas para ser feliz, pero Jesús se centra en lo relevante y nos dice que *"solo una cosa es necesaria."* ¿Sabes a qué se refiere el Señor? A la Palabra, a Si mismo, eso era lo que María disfrutaba y lo que Marta se perdía, tratando de agradarlo.

Deshazte de una vez por todas del afán y las preocupaciones banales. Como María, puedes escogerlo a Él, lo único necesario, la mejor parte, la que no te será quitada. Todo lo demás se perderá, se acabará, pero no Dios. Job perdió todo pero recuperó el doble al permanecer en Dios Job 42:10, y Jesús mismo dijo que: *"El cielo y la tierra pasarán, pero mis palabras no pasarán."* Mateo 24:35, Marcos 13:31, Lucas 21:33 Seamos sensatos, enfoquémonos en lo que va a durar más, en la eternidad y no en lo pasajero y temporal. Enfócate en Él, no te dejes engañar: escoge la mejor parte, la que nunca te será quitada.

"Mas buscad primeramente el reino de Dios y su justicia, y todas estas cosas os serán añadidas." Mateo 6:33

Oración: Espíritu Santo, quítame todos los paradigmas religiosos. Enséñame a ser no solo siervo sino también amigo, discípulo, hijo…

DÍA 35

Hoy desempolvo mis sueños, y los persigo.

"Y dijeron el uno al otro: **He aquí viene el soñador**. *Ahora pues, venid, y matémosle y echémosle en una cisterna, y diremos: Alguna mala bestia lo devoró; y veremos* **qué será de sus sueños**.*"* Génesis 37:19-20

JOSÉ TENÍA GRANDES sueños y por eso, sus hermanos lo aborrecían (cualquier parecido con la realidad de hoy es pura coincidencia). Cuando tú persigues tenazmente tus sueños, vives dentro de una perspectiva mayor: lo accesorio es irrelevante, estás enfocado y eres libre de lo que distrae y atrapa a la mayoría, lo cual ciertamente causará envidia y, también que algunos te aborrezcan pero, está bien, es la simple confirmación de que tu sueño es bueno y suficientemente grande. No te distraigas, sigue adelante, recuerda que no es algo personal contra ti sino que tu actitud les recuerda que no están fertilizando la grandeza que Dios puso en ellos. Tu insistencia les recuerda su mediocridad. Persevera, después lo entenderán, y aún más: serán bendecidos por tus logros.

Este es un buen momento para desempolvar ese sueño engavetado, presentárselo a Dios y comenzar a darle vida. No importa si ya lo haz hecho dos, tres o mil veces; comienza una vez más, y si decaes, comienza otra vez, un sueño de Dios siempre vale la pena, y con Él nunca es tarde. No escuches a los hermanos de José, escucha a tu alma y a Dios. Tú sabes que eres especial, que no eres mediocre, Dios puso Su semilla de grandeza en ti y Él nunca va a renunciar; vamos, no te distraigas más, no te desperdicies, comienza otra vez, vale la pena. Prosigue, avanza.

"No que lo haya alcanzado ya, ni que ya sea perfecto; **sino que prosigo**, *por ver si logro asir aquello para lo cual fui también asido por Cristo Jesús."* Filipenses 3:12

Oración: Jesús, dame un espíritu noble como el de José, para proseguir mis sueños libre de malicia y de todo resentimiento.

DÍA 36

Soy libre de la amargura.

*"Regocijaos en el Señor **siempre**. Otra vez digo: ¡Regocijaos!"* Filipenses 4:4

PABLO NO ESCRIBIÓ esta carta desde una cálida oficina o el jardín de su casa, sino mientras era "templado" en medio del fuego de grandes dificultades y retos, pero él tenía una mente tan centrada en Jesús que, aún en medio de múltiples amenazas y peligros, no solo mantenía una buena actitud sino que se regocijaba en el Señor, y no solo por momentos sino ¡siempre! Y acá nos exhorta dos veces a imitarlo, de modo que tiene que ser posible, pero… ¿qué clase de comunión puede hacer que en medio de una gran confrontación, tristeza o persecución, podamos regocijarnos? Solo una mente completamente renovada como la de éste increíble apóstol puede ordenarnos, en medio de las cadenas y prisiones, rechazo y agresiones: "Regocíjate en Dios siempre."

No le pidamos a Dios que nos saque inmediatamente de cada dificultad, sino que nos enseñe y fortalezca en medio de cada una de ellas, y sobre todo, que Él se nos revele y nos permita conocerlo mucho más durante el proceso. Así como el atleta entrena en la oscuridad y frio de la madrugada, aún bajo la lluvia, pero suda gozoso su esfuerzo porque sabe que va por esa medalla, levántate en medio de tus retos y dificultades, en medio del temor y regocíjate en Dios, alaba Su grandeza y recuerda las muchas veces que te ha protegido y ha sacado adelante, y esta vez no será la excepción, ya Él venció y tu recompensa ya es mayor que muchas medallas.

"Me invocará, y yo le responderé; Con él estaré yo en la angustia; Lo libraré y le glorificaré." Salmos 91:15

Oración: Padre Santo, elijo ser feliz ahora mismo, por lo que Tú ya haz hecho y me has dado. Expulso la queja y la amargura y me centro en ti.

DÍA 37

Hoy me nutro y nutro a otros con la Palabra.

"No sólo de pan vivirá el hombre, sino de toda palabra que sale de la boca de Dios." Mateo 4:4

¿SABÍAS QUE LA primera imagen de Dios que se forma en las cabecitas de nuestros hijos, viene fuertemente impregnada por la imagen que ellos tienen de nosotros, sus padres? Su relación con Dios es profundamente influenciada por su relación contigo. La primera vez que mediten sobre nuestro Dios omnipotente, a lo mejor lo imaginarán como papá; y cuando escuchen de Su misericordia, quizás la asociarán con mamá. Por eso el enemigo acecha tanto a las familias, para distorsionar el plan original. Pero lo impactante de esto es que, para que tus hijos puedan tener acceso a la maravillosa vida que Dios les quiere dar, no les será suficiente solo con el pan que les das, sino que necesitarán de toda palabra que sale de la boca de Dios, y **de toda palabra que sale de tú boca también.** Y si tus palabras no concuerdan con las de Dios, entonces su concepto de Él, de ti y de si mismo, será distorsionado, y eso los limitará…

Debemos disciplinar a nuestros hijos cuando yerran y darles reconocimiento cuando aciertan pero, ¿y el resto del tiempo? ¿Qué tal decirles cuan feliz nos hacen y manifestar ese amor que tantas veces nos guardamos? ¿O quizás orar por ellos al acostarlos, y darle abundantes gracias a Dios por sus vidas? ¡Si tan solo nos enfocáramos un poco más en sus fortalezas y un poco menos en sus debilidades, un poco más en su inmenso potencial, y menos en sus errores! ¿Y que pasaría si realmente nos atreviéramos a apartar nuestra "madurez" para aprender más de ellos?

"Viéndolo Jesús, se indignó, y les dijo: Dejad a los niños venir a mí, y no se lo impidáis; porque de los tales es el reino de Dios. De cierto os digo, que el que no reciba el reino de Dios como un niño, no entrará en él." Marcos 10:14-15

Oración: Espíritu de Dios, ayúdame a alimentarme y a alimentar a otros con tu Palabra, poderosa y fructífera.

DÍA 38

Hoy elijo vivir.

"Porque no tenemos un sumo sacerdote que no pueda compadecerse de nuestras debilidades, sino **uno que fue tentado en todo según nuestra semejanza, pero sin pecado.** *"* Hebreos 4:15

¿MORIRÍAS POR UN hijo? Claro que si. Pero Jesús no solo entregó Su vida en la cruz. Él, desde que se hizo hombre, se sometió completa y absolutamente a la voluntad del Padre. Aún de niño, dejó a un lado la diversión para estar en los negocios de Su Padre Lucas 2:49; soportó misericordiosamente a críticos y chismosos, religiosos prepotentes, y autoridades soberbias y crueles; fue tentado como hombre **en todo**, a diario, y acosado por el diablo. Lucas 4:4. Confrontó demonios y enfermos, pasó multitud de noches en vela, orando, y en el día predicaba a viva voz o caminaba largas distancias para ir a salvar a más hijos. Fue traicionado por el hombre de su confianza, Judas, Salmos 41:9 y negado por su amado Pedro tres veces. No solo soportó la cruz, soportó mucho más durante toda su vida. **Y no se registra una sola queja... todo por ti y por mí.** Parece que somos más valiosos de lo que imaginamos...

Quizás más importante que morir por nuestros hijos, sea morir **para** nuestros hijos, muriendo, por ejemplo, a nuestro orgullo, a la amargura, auto compasión o la culpa; o muriendo a la bebida, drogas, cigarrillo, adulterio o pornografía. Quizás sea tu deseo de control el que deba fallecer. Tus hijos te necesitan vivo, **realmente vivo.** Clama a Dios por tú salud, levántate en oración por tu familia y tu nación, muere a lo que te mata y vive en Cristo, quien es el sustento de la vida.

"...os he puesto delante la vida y la muerte, la bendición y la maldición; escoge, pues, la vida, para que vivas tú y tu descendencia."
Deuteronomio 30:19

Oración: Santo Dios, guíame para escoger la vida y no la muerte; el bien y no el mal; la bendición y no la maldición.

DÍA 39

Hoy regreso a Casa.

"Despreciado y desechado entre los hombres, varón de dolores, experimentado en quebranto; y como que escondimos de él el rostro, fue menospreciado, y no lo estimamos." Isaías 53:3

E L PROFETA ESCRIBIÓ esta visión de la crucifixión aproximadamente setecientos años antes de que sucediera pero… ¿no sigue, en cierto modo, esta profecía vigente? ¿Será que ya Jesús no es despreciado o desechado? Esta mañana al terminar de orar, sentí que el Espíritu me urgía a que me quedara unos minutos más, y de pronto sentí una forma de tristeza, no en mí sino en Él, por la humanidad, por la gente, por tantos hijos apartados de Él, y recordé las palabras de Pablo: *"…no **contristéis** [no entristezcas] al Espíritu Santo de Dios…"* Efesios 4:30 Pensé en el gran dolor que causa un hijo descarriado, ese joven que no escucha los consejos de sus padres, sino que los desprecia, que se rebela y que día a día "esconde de su padre" el rostro. ¡Que dolor tan profundo y persistente cuando tu propio hijo o hija no te estima, sino que te desprecia y desecha!

Reconéctate con Dios, vuélvete a Él; no a la religión, ni a la vergüenza, la auto compasión o la culpa, no, sencillamente regresa a Él. Papá te anhela celosamente, y sigue esperando… *"Gracias Jesús por tu amor y paciencia. A partir de hoy ya no quiero despreciarte ni desecharte; no quiero seguir escondiendo mi rostro de Ti, sino al contrario, quiero que lo ilumines a diario. Yo estimo profunda y sinceramente lo que hiciste y haces por mí. Te amo."*

*"¿O pensáis que la Escritura dice en vano: El Espíritu que él ha hecho morar en nosotros **nos anhela celosamente**?* Santiago 4:5

Oración: Señor, hoy yo clamo a Ti para que toda la humanidad despierte, y busquemos Tu rostro y Tu Presencia.

DÍA 40

Hoy renuncio a las excusas y me concentro en las prioridades.

"Cuando vio Jesús a su madre, y al discípulo a quien él amaba, que estaba presente, dijo a su madre: Mujer, he ahí a tu hijo. Después dijo al discípulo: He ahí tu madre. Y desde aquella hora el discípulo la recibió en su casa." Juan 19:26-27

JESÚS ESTÁ EN el momento culminante de su vida: Tres versos después "entregaría su espíritu" verso 30, de modo que se encuentra a punto de vencer en la más grande batalla de la eternidad, despojando para siempre a Satanás. Está además molido, salvajemente herido y humillado, asfixiándose en el peor de todos los tormentos: la Cruz del Calvario. Sin embargo (e increíblemente), Jesús toma tiempo para ocuparse del futuro de su madre terrenal, asegurándose de darle algún consuelo y de que alguien cuide de ella. Con certeza María, en algún momento, le seguiría al cielo, pero Él está preocupado por el resto de la vida "terrenal" de ella. ¡Que impresionante desapego!

Algunos piensan que no pueden servir a Dios por sus múltiples ocupaciones y otros, por el contrario (incluidos muchos pastores y líderes), sirven tanto a Dios, que se olvidan de sus familias. Jesús nos muestra el perfecto balance: Tú puedes alcanzar todos tus sueños y el propósito para el que fuiste creado, sin sacrificar otras responsabilidades ni abandonar a los tuyos. Diversifícate. Se versátil, flexible. Sirve a Dios en aquello que amas, haciendo lo que Él te llamó a hacer. No complazcas a nadie sino a Él. Tú, con Dios puedes tener éxito en todo, no limites tú ni lo limites a Él, no te excuses, persevera. Pídele lo que necesites para servirle de corazón.

"Todo tiene su tiempo, y todo lo que se quiere debajo del cielo tiene su hora."
Eclesiastés 3:1

Oración: Bendito Jesús, yo expresamente reconozco tu autoridad, propiedad y dominio sobre mí. Ven y se el completo Señor de mi vida. Amén.

DÍA 41

Hoy elijo motivar a otros.

Pablo le escribe a su colaborador Filemón: *"… te ruego por mi hijo Onésimo, a quien engendré en mis prisiones, el cual en otro tiempo te fue inútil, pero ahora a ti y a mí nos es útil,"* Filemón 10-11.

ONÉSIMO FUE UN esclavo de Filemón, que lo robó y huyó de él, y luego se encontró con Pablo mientras éste era prisionero en Roma. Pablo le predicó, este se arrepintió y su vida fue transformada. Dios lo hizo libre en espíritu, alma y cuerpo, de modo que comenzó a servir en la obra y acá Pablo lo envía de vuelta a Filemón junto con una carta. La gente cambia, las personas progresan, el pasado queda atrás cuando te dejas guiar por Dios. Según Pablo, el esclavo como tal no le era útil a su amo, pero ahora, como hermano, como colaborador, si lo sería.

Observa cuidadosamente a tu alrededor y descubrirás que personas que pueden parecerte inútiles, tienen potencial de hacer grandes cosas, de contribuir más, de ser mejores y llegar más lejos. ¡Motívalos! Pablo dice que "engendró" a Onésimo. Yo creo que se refiere a que le dio una visión de ser más de lo que él creía poder ser, le mostró la imagen del mejor Onésimo que podría existir, y así lo engendró; sacó de aquel hombre lo mejor de él, que hasta entonces se hallaba oculto como una semilla en su corazón. Pablo la regó. Lo mismo aplica para tus hijos, cónyuge, pareja, amigos, discípulos, etc. Visualízalos dentro de un traje más grande, expandidos, extendidos, y háblales, háblales, háblales, hasta que finalmente lo crean. ¡Ese es el principal trabajo de un líder!

"Mas a todos los que le recibieron, a los que creen en su nombre, les dio potestad de ser hechos hijos de Dios; los cuales no son engendrados de sangre, ni de voluntad de carne, ni de voluntad de varón, sino de Dios." Juan 1: 12-13

Oración: Padre, guíame a motivar a otros, a poner Tus semillas en sus almas, y que den fruto en abundancia.

DÍA 42

Dios trabaja hoy en mí.

*"Seis días trabajarás, y harás toda tu **obra**;"* Éxodo 20:9

DIOS NO NOS llama a hacer un simple trabajo sino a hacer, a través del trabajo, **toda nuestra obra.** Desde el ama de casa que *"edifica su casa"* Proverbios 14:1 impactando a su familia y sus futuras generaciones, pasando por el taxista que motiva y anima a cada pasajero, llegando hasta el presidente de una corporación o de una nación que busca a diario la guía de Dios. Recuerdo la historia de una peluquera que en Guatemala había guiado a más de mil personas a Cristo, ¿cómo?, sencillamente hablándole a cada cliente; mientras les cortaba el cabello también les embellecía el alma.

No tomes por poco nada de lo que haces, no importa cual sea tu trabajo. Nadie en el cuerpo de Cristo es poco importante. Si estás bajo prueba en tu trabajo, aunque te estén pagando muy poco, hazlo con excelencia, con contentamiento, como para Dios. Mientras más pronto lo hagas, más pronto tendrás uno mejor. Y recuerda: Mientras haces tu obra, Dios también modela Su obra más preciada: Tú. ¿Qué te parece si a partir de hoy en vez de decir "yo trabajo en" comenzamos, por fe, a declarar "yo hago mi obra en"? El trabajo es mucho más espiritual de lo que creemos, y nuestra obra trasciende mucho más allá del cheque de fin de mes...

"...Trabajad, no por la comida que perece, sino por la comida que a vida eterna permanece,..." Juan 6:27a

Oración: Jesucristo, Tú pagaste por mi vida, ayúdame a honrar Tu sacrificio teniendo una vida fructífera: ¡Haz Tu obra en mí!

DÍA 43

Hoy estoy alerta a las oportunidades.

"No ames el sueño, para que no te empobrezcas; Abre tus ojos, y te saciarás de pan." Proverbios 20:13

UNA COSA ES descansar y otra muy diferente es **amar** el sueño. Todos necesitamos descansar pero solamente cuando estamos cansados, y entonces requerimos solo el descanso suficiente para recuperar las fuerzas. Toda mi vida me ha gustado ejercitarme algunas veces por semana y he aprendido a discernir cuando mi cuerpo necesita realmente descanso; la mayoría de las veces solo tiene pereza y, una vez que le ordeno comenzar a entrenar, se activa y se motiva. Otras veces lo que necesita es salir de la rutina y entrenar de una manera diferente, más intensa o a veces, una simple caminata.

Pero el rey Salomón nos está hablando en términos laborales y financieros, y allí también debemos discernir entre cansancio y pereza. Esta última causa lentitud y torpeza en nuestra mente y perdemos oportunidades. La pereza causa letargo en nuestro cerebro; aturdimiento y flojera; todo se vuelve lento y confuso, abortando cualquier buena idea, por eso el sabio aconseja: Abre tus ojos. En otras palabras: observa, capta, mira con detenimiento, y verás que las oportunidades están allí, al alcance de tu vista. Persíguelas y te saciarás de pan (bien). Debemos ser diligentes para ser eficientes y productivos. Pocas veces una idea "cae de la nada" y, aunque así fuera, una mente perezosa la desperdiciará o ignorará. Desperézate, enfócate, confiesa que tu mente es aguda y está dispuesta. Abre tus ojos y ¡sáciate de bien!

*"Sino acuérdate de Jehová tu Dios, porque **él te da el poder para hacer las riquezas**, a fin de confirmar su pacto que juró a tus padres, como en este día."*
Deuteronomio 8:18

Oración: Bendito Señor, dame fuerzas para trabajar bien y con esmero, y estar alerta para aprovechar cada buena oportunidad que pones en mi camino.

DÍA 44

Yo siempre termino lo que comienzo.

Jesucristo le dice al Padre orando: *"Yo te he glorificado en la tierra; he **acabado la obra** que me diste que hiciese."* Juan 17: 4

¿SABÍAS QUE TÚ glorificas al Padre cuando acabas tus obras? Quizás alguno esté pensando: "Con este trabajo tan aburrido y mal pagado que tengo, ¿de qué obra me hablas? Hasta un niño o alguien sin ninguna preparación puede hacerlo." Yo quiero decirte hoy que aunque tu trabajo sea el de lavar baños, manejar un bus o ser ama de casa sin horario, tienes una obra por delante y esa obra eres tú, y los tuyos; tu descendencia, biológica y espiritual. Tú eres un agente de cambio, influyente, luz del mundo. Nunca subestimes lo que haces, simplemente hazlo lo mejor que puedas, para Dios. Efesios 6:6.

Dios, a través de tu trabajo, trabaja en ti. En ese trabajo exigente, solitario o rodeado de personas difíciles, con niños rebeldes o con jefes arrogantes, justo allí, en medio del día a día, es donde Él forma tu carácter, tu dominio propio; te enseña a perseverar y a superarte, te fortalece. No importa que trabajo tengas, tienes que hacerlo con excelencia para que se te otorgue uno mejor. Sé el mejor, en lo que sea que hagas, después de todo, dentro de diez años no recordarás esos malos momentos, sin embargo tú serás diferente, te habrás superado. La Biblia dice: *"Seis días trabajarás, y harás toda tu **obra;**"* Éxodo 20:9, no tu trabajo, sino tu obra. Persevera, esmérate, esfuérzate; deja que mientras tú trabajas duro, Él haga su mejor obra **en ti.**

*"Jehová cumplirá **su propósito en mí**; Tu misericordia, oh Jehová, es para siempre; No desampares **la obra de tus manos.**"* Salmos 138:8

Oración: Espíritu Santo, guíame para aprovechar el tiempo y no partir sin haber terminado todo aquello para lo que me creaste.

DÍA 45

Hoy motivaré a mis seres queridos.

"… ¿No es este el carpintero, hijo de María…?" Y Jesús responde *"…no hay profeta sin honra sino en su propia tierra, y **entre sus parientes**, y **en su casa**"*
Marcos 6:3a-4b

¿QUÉ PASA EN tu alma cuando alguno de tus más cercanos comienza a soñar? ¿Lo motivas y le ofreces apoyo, o solo desaliento e ironía salen de tu boca? ¿Solo tienes palabras para corregir a tus hijos y nunca sale de tu boca una sincera felicitación? ¿Cuando les va mal les dices: ¡Te lo dije! pero no puedes decir lo mismo cuando les va bien? Antes de tomar una foto buscamos el mejor ángulo, ¿por qué no hacer lo mismo antes de hablarle a los nuestros?

La deshonra está a la puerta o debo decir, dentro de las puertas, dentro de la familia, con los más íntimos. Asegúrate de honrar y motivar frecuentemente a los que amas. No los subestimes, no los disminuyas, tampoco lo dejes para después. No hagas chistes revelando intimidades, no merecen que traiciones su confianza en ti y en ellos mismos. Dios te ha puesto en tu familia para que los motives, los bendigas y los llenes de sueños y de bien; para levantarlos, sacarlos adelante y sacarles sonrisas desde lo profundo de su alma. Ellos necesitan tu apoyo, tu fuerza. ¡Basta ya de vivir siempre centrado en ti! Después de todo, en esos niños inquietos, en el esposo que ronca, en la esposa afanada y en eso viejito cansado por el peso de los años, allí, invisible, pero más real que este mensaje que tienes en frente, mora el Espíritu Santo del Dios Todopoderoso, y Él los creó a Su imagen y semejanza.

"¿O ignoráis que vuestro cuerpo es templo del Espíritu Santo, el cual está en vosotros, el cual tenéis de Dios, y que no sois vuestros?" 1Corintios 6:19

Oración: Señor, ayúdame a ser un agente de transformación, guiando a los míos a Tu trascendencia.

DÍA 46

Como Cristo.

*"Y se congregaron allí todo un año con la iglesia, y enseñaron a mucha gente; **y a los discípulos se les llamó cristianos por primera vez** en Antioquía."* Hechos 11:26

DESPUÉS DE QUE apedrearon a muerte a Esteban y, dado que Herodes perseguía a otros como Jacobo (a quien asesinó luego), y Pedro (quien fue milagrosamente liberado), los discípulos se esparcieron y predicaban solo a los judíos; **pero unos "varones"** verso 20 **se atrevieron a hablarle a los gentiles,** poniendo en gran riesgo sus vidas. Pablo y Bernabé apoyaron, y aquellos recibieron fervientemente la Palabra. Entonces los discípulos comenzaron a ser llamados cristianos, es decir: como Cristo. Ellos no se auto denominaban así, sino que, a pesar de la partida de Jesús, se parecían a Cristo, se comportaban como Cristo, y actuaban con la compasión, amor, humildad y poder de Él. Jesús no fundó una religión sino que trajo un liderazgo diferente. Él restauró el puente entre Dios y los hombres, sirviendo en vez de ser servido; muriendo para dar vida, y enseñándonos que dando, es como recibimos.

¿Alguien te ha preguntado alguna vez, si eres creyente, sin que tú se lo digas o solo porque oraste antes de comer? ¿Cómo es tú conducta en la oficina, en la fiesta o manejando al trabajo? ¿Diría alguien al ver tu conducta que eres "como Cristo"? ¿Qué te parece si comienzas a vivir tu vida con Sus principios? Quizás entonces la gente comience a llamarte cristiano espontáneamente, genuinamente, sinceramente, por primera vez. No concibo mayor honor.

"Vosotros sois la luz del mundo" Mateo 5:14a

Oración: Jesús, quiero ser tu seguidor, tu discípulo, tu mayor fanático, tu principal admirador. Quiero parecerme a ti.

DÍA 47

No soy crédulo ni incrédulo, soy creyente.

"Recorred las calles de Jerusalén, y mirad ahora, e informaos; buscad en sus plazas a ver si halláis hombre, si hay alguno que haga justicia, que busque verdad; y yo la perdonaré." Jeremías 5:1

LA MAYORÍA DE las personas afirman creer en Dios pero no parecen estar interesadas en una relación con Él, por eso es siempre su última opción. Pablo afirma en Gálatas 4 que el heredero del trono, cuando es niño, es igual al esclavo, porque depende de los que lo cuidan aunque es el dueño. Y una de las características del niño es que, debido a su inmadurez, vive centrado en la satisfacción de sus necesidades, despreocupado de lo que ocurre a su alrededor. Del mismo modo, muchos creyentes solo buscan a Dios cuando algo va mal, dictándole su reporte de lamentos y autocompasión, esperando que Dios sienta lástima y atienda urgentemente sus reproches. Quieren que Dios haga su voluntad, como el niño que quiere el juguete y no la sopa.

Pero acá vemos que Dios y sus ángeles andan buscando creyentes maduros, que hagan justicia (piensen en los demás) y busquen verdad (a Cristo), para Él perdonar la tierra. La oración es la actividad más poderosa que existe porque motiva al ser más poderoso que existe. Y Él anda buscando quien le busque. ¿Quieres cambiar el destino de la humanidad? Ora. ¿Te duele ver tanta violencia, perversión y escasez? Ora. ¿Quieres levantar una familia y una descendencia próspera y plena? Ora. Levántate, toma autoridad, pídele al Espíritu que te guíe; Él te está esperando, tú puedes hacer la diferencia…

*"Y busqué entre ellos hombre que hiciese vallado y que se pusiera en la brecha delante de mí, a favor de la tierra, para que yo no la destruyese; **y no lo hallé**"*
Ezequiel 22:30

Oración: Hoy elijo creer en Ti Jesús. Hoy decido seguirte de veras, sabiendo que eres real, que eres mi Redentor, mi Salvador.

DÍA 48

Soy radical

*"Este es el testimonio de Juan, cuando los judíos enviaron de Jerusalén sacerdotes y levitas para que le preguntasen: ¿Tú, quién eres? 20 **Confesó, y no negó, sino confesó**: Yo **no soy** el Cristo."* Juan 1:19

JUAN EL BAUTISTA, aquel que tenía la responsabilidad de anunciar a Jesús, estaba siendo acosado por los religiosos (o debo decir por los chismosos) quienes le solicitaban una respuesta para llevarla de inmediato a sus superiores. Pienso que de alguna forma, esto fue una forma de tentar a Juan. Después de todo, él ya tenía muchos discípulos, predicaba con una increíble pasión y convicción, vivía en el desierto y usaba pieles de animales para vestirse. Realmente llamaba la atención y era famoso. ¿Te imaginas el golazo que se hubiese anotado el enemigo si por vanidad Juan hubiera dicho: ¡Si, yo soy!?

Pero no funcionó. Juan era un radical, sabía a qué había venido a la tierra, conocía su lugar, su rol y su misión y nada ni nadie lo apartaría de ello, así que no necesitaba robarse la gloria de nadie. Si alguna vez sientes deseos de robarte la gloria de alguien (los méritos de un subordinado o jefe, la idea de un compañero o la salvación del alma de alguien), revisa qué te motiva en tu corazón y compáralo con tu lugar, tu rol, tu misión. ¡Ubícate! Juan protegía su humildad con respuestas simples, por eso cuando le preguntaron, solo respondió: No.

*"... ¿Qué pues? ¿Eres tú Elías? Dijo: **No soy**. ¿Eres tú el profeta? Y respondió: **No**."* Juan 1:21-22

Oración: Padre Santo, guarda mi corazón de tomar la gloria tuya o el reconocimiento de otros. Líbrame de la codicia y la envidia.

DÍA 49

Se quien soy.

"Y vinieron a Juan y le dijeron: Rabí, mira que el que estaba contigo al otro lado del Jordán [Jesús]*, de quien tú diste testimonio, bautiza, **y todos vienen a él.**"*
Juan 3:26

LOS DISCÍPULOS DE Juan estaban preocupados. Su maestro estaba perdiendo seguidores, todos se iban detrás del tal Jesús, de modo que ellos, que ya habían logrado un lugar privilegiado al lado del famoso Juan, ahora estaban perdiendo reconocimiento y status. Ya la gente los identificaba como los "discípulos" de Juan y ahora esos, a quienes ellos inspiraban, se estaban marchando. Quizás había un poco de afán en sus almas, un poco de miedo a perder el territorio conquistado, el reconocimiento adquirido. Pienso que estaban desorientados, porque no conocían claramente su rol dentro de la visión de aquel a quién seguían (Juan).

Solo una verdadera confianza en ti mismo te otorga verdadera humildad. Juan era un gran profeta pero Jesús era Dios. Si aferras a lo "bueno" quizás te pierdes lo "mejor". Pero Juan no titubeó ni un instante, él conocía su lugar en una misión que era mucho mayor que él. Él sabía que Dios era su única fuente de todo bien; por eso, cuando los nerviosos discípulos vinieron a alertarlo, les respondió con estas humildes y fieles palabras:

"… No puede el hombre recibir nada, si no le fuere dado del cielo." Juan 3:27

Oración: Señor Jesús, guíame para cumplir todo mi plan y no distraerme en lo que te corresponde a Ti o a otros.

DÍA 50

Conozco mi lugar.

Juan continuó hablándole a sus discípulos sobre Jesús: *"El que tiene la esposa, es el esposo; mas el amigo del esposo, que está a su lado y le oye, se goza grandemente de la voz del esposo; así pues, este mi gozo está cumplido."* Juan 3:29

JUAN CONOCÍA SU lugar, su posición en la historia, su rol: el amigo del esposo, y estaba completamente consciente de que había uno mayor que él: el esposo, y cuando le servía y cumplía su parte para que Jesús cumpliera Su destino, **su gozo estaba cumplido.** El sabía que su misión encajaba perfectamente dentro de otra mayor, y eso le daba satisfacción. Aún sabiendo que no sería fácil continuó: *"Es necesario que él crezca, pero que yo mengue."* Verso 30 Con razón Jesús dijo en una oportunidad: *"Entre los que nacen de mujer no se ha levantado otro mayor que Juan el Bautista"* Mateo 11:11a

Necesitamos ver el cuadro completo del cual nosotros somos solo una parte. Todos somos interdependientes. En tu familia, sé parte del equipo, parte de las soluciones, no de los problemas. Levanta a tu cónyuge, te necesita tanto. En tu oficina, esmérate por apoyar a tu jefe, que es tu autoridad, y a tus compañeros. Dentro de la iglesia, con amigos o cualquiera que sea tu rango de influencia, haz tu parte para el logro del todo; no vivas en un silo, no seas egoísta, no te lleves la gloria que no te corresponde y Dios, a Su tiempo, te dará la que si te pertenece.

"El que de arriba viene, es sobre todos; el que es de la tierra, es terrenal, y cosas terrenales habla; el que viene del cielo, es sobre todos." Juan 3:31

Oración: Padre mío, ubícame en mi lugar, en mis sueños, en mi rol. No sea yo confundido persiguiendo el sueño de alguien más.

DÍA 51

Dios será mi primera opción, siempre.

*"Y como ellos no **aprobaron** tener en cuenta a Dios, Dios los **entregó** a una mente reprobada, para hacer cosas **que no convienen"** Romanos 1:28*

CUANDO EN LA escuela presentas una prueba y no respondes correctamente, repruebas (respondiste como no conviene), y lo mismo pasa en la vida. Pablo acá nos enseña que, si en medio de la prueba no consideras la opinión ni ayuda de Dios, repruebas, y tendrás que repetirla, y si pretendes seguir evadiéndola, harás cosas que no convienen. Una mente reprobada es una mente que no aprueba, que fracasa, que toma siempre decisiones erradas, que falla y se hunde, que no tiene éxito y nunca está satisfecha. Es estéril, rencorosa; culpa a otros por su infertilidad y errores, y reclama que el mundo se adapte a su inmadurez.

Conozco a personas que creen controlar sus vidas y destinos, y se consideran autosuficientes, pero si no tienes en cuenta a Dios, repruebas. Si lo ignoramos, Él no puede ayudarnos; lo atamos y no le dejamos intervenir. Pero cuando tomas en cuenta la opinión de tu Creador das el primer paso para que Él te transforme y te apruebe, y tengas una mente exitosa, satisfecha, sana, soñadora; una mente que hace lo que conviene, una mente aprobada por Dios. No te dejes engañar por el mundo, cuida tu mente, cultívala con buenas lecturas y mantenla ocupada en lo bueno, en lo puro, en lo honesto, en lo virtuoso, en lo que es de buen nombre, *"en esto pensad."* Filipenses 4:4

*"Procura con diligencia presentarte a Dios **aprobado**, como obrero que no tiene de qué avergonzarse...."* 2 Timoteo 2:15a

Oración: Espíritu Santo Todopoderoso, guarda mi mente para que sea aprobada. Yo quiero tomarte en cuenta en cada decisión de mi vida.

DÍA 52

Salgo fortalecido de las batallas pasadas (Parte I).

"Las cosas que mi alma no quería tocar, Son ahora mi alimento." Job 6:7

E N EL ÁMBITO literal, éste verso se refiere a que Job, en medio de una gran necesidad y sufrimiento, se alimenta ahora de comidas que antes, en medio de su gran riqueza, despreciaba. Pero hay un significado más profundo: A través del sufrimiento y la adversidad, nuestra perspectiva cambia y comenzamos a comprender a quienes antes despreciábamos, a sentir compasión por quienes rechazábamos, y a respetar conductas y opiniones que en el pasado juzgábamos (que nuestra alma no quería tocar). Pero ahora podemos entenderlas, apreciarlas y hasta nos nutren emocional y espiritualmente.

Son muchos los corazones endurecidos que, en medio de la adversidad o de un gran reto, descubren y desarrollan valor, compasión, humildad y perseverancia, y que en medio de esa circunstancia hallan, como flor en medio del desierto, el propósito de sus vidas. Lo que no queríamos ni siquiera tocar, ahora nos nutre; lo que temíamos, nos satisface; esa opinión anticuada de mi papá o la abuelita ahora, con mis propios hijos, se vuelve actual y sensata. Igualmente la Palabra de Dios te renueva, Su Presencia te transforma. No te aferres a creencias antiguas ni religiones rígidas. Déjate moldear por Dios, entrégale tu vida a Cristo y verás a ese Jesús lejano y aburrido, a quien tu alma no quería tocar, convertirse en tu Pan de vida, el mejor alimento...

"Jesús les dijo: Yo soy el pan de vida; el que a mí viene, nunca tendrá hambre; y el que en mí cree, no tendrá sed jamás." Juan 6:35

Oración: Gracias Jesucristo por todas las pruebas en mi pasado, se que Tú las transformas en oportunidades, para Tu gloria.

DÍA 53

Salgo fortalecido de las batallas pasadas (Parte II).

"Las cosas que mi alma no quería tocar, Son ahora mi alimento." Job 6:7

MUCHAS VECES TENEMOS archivados, en nuestro inconsciente, recuerdos que nuestra alma sencillamente no quiere recordar (tocar) ni mucho menos revivir, por lo que los mantenemos muy bien guardados. No solo los engavetamos bajo llave, en lo más recóndito de nuestro corazón sino que además, como si fueran libros, les apilamos nuestros mejores recuerdos encima, para que se disimulen aún más. Nos sentimos seguros manteniéndonos dentro de nuestra agenda atareada y superficial, de modo que se impida cualquier filtración que nos confronte con el potencialmente doloroso ejercicio de examinarnos a nosotros mismos.... sencillamente pensamos que no los recordaremos.

Pero un día inesperado, bajo una circunstancia inesperada en un lugar inesperado, emerge repentinamente y con nuevas fuerzas, haciéndote recordar que aún subsiste entre tus "pendientes por resolver." Después de meditarlo, te acercas a esa gaveta, el polvo te hace estornudar, se humedecen un poco tus ojos y decides esperar un mejor momento..., que nunca llega. Pero El Espíritu Santo quiere y puede convertir ese recuerdo, que te produce vergüenza y turbación, o ese temor que te atormenta, o esa atadura que nadie imagina tienes, en un testimonio de victoria y libertad. Él quiere sanarte y restaurarte, transmutar ese desagradable suceso del pasado en una renovadora experiencia presente, para moldear tu futuro...; y el de otros.

"Confortará mi alma; Me guiará por sendas de justicia por amor de su nombre." Salmos 23:3

Oración: Bendito Señor, quiero retomar los sueños que Tú pusiste en mi alma, ayúdame a que no se desperdicien.

DÍA 54

Hoy me dejo guiar por Dios.

"No seáis como el caballo, o como el mulo, sin entendimiento, Que han de ser sujetados con cabestro y con freno, Porque si no, no se acercan a ti." Salmos 32:9

M E IMPRESIONA LA capacidad de un perro para ser corregido, instruido e incluso para procurar y dar perdón; sencillamente aman a su amo y sin orgullo alguno ceden ante él, para disfrutar de su amor, bienestar y protección. Pero el mulo es diferente; al igual que el asno, éste requiere ser atado y con frecuencia azotado para que avance. Es testarudo y terco, permanece inmóvil cuando todos caminan y, ante la presión, se encierra más y más en si mismo, reaccionando con rigidez. Por eso Dios compara a los que somos "tercos como una mula," con estos animales, y especifica por qué: somos *"sin entendimiento."*

Este Salmo trata de nuestra terquedad y orgullo para pedir perdón, por eso también dice: *"Mientras callé, se envejecieron mis huesos En mi gemir todo el día."* Verso 3 No esperes que una crisis o gran sufrimiento dobleguen tu orgullo, mejor acércate ahora mismo; usa tu entendimiento, deja ya la rebeldía y testarudez; no seas como un caballo o un mulo; tú eres un ser pensante, inteligente. Algunos parecen creer que pueden beberse el veneno del resentimiento y del odio, y que la otra persona será la afectada. Suéltalo, déjalo ir, estás hecho para cosas mayores. Acércate ahora mismo a tu Creador.

"El buey conoce a su dueño, y el asno el pesebre de su señor; [pero] *Israel no entiende, mi pueblo no tiene conocimiento."* Isaías 1:3

Oración: Padre Santo, perdona mi orgullo y mi arrogancia, hoy elijo seguir Tu consejo y guía.

DÍA 55

Hoy soy libre de la vanidad de mi ego.

"Porque si en el árbol verde hacen estas cosas, ¿en el seco, qué no se hará?" Lucas 23:31

JESÚS ACABA DE ser sentenciado y va, con su cruz a cuestas, rumbo al Calvario, para consumar Su misión a través de un sufrimiento inimaginable. El Cordero perfecto y sin mácula se disponía a llevar sobre Sí todo el pecado del mundo. De la misma forma que los soldados lo maltrataban y los fariseos lo agraviaban, mucha gente sufría al verlo sufrir, incluso uno de los malhechores crucificado a su lado afirmó: "más éste ningún mal hizo." Verso 41 Jesús fue la víctima voluntaria de la mayor injusticia de la historia, solamente para hacernos justos. Él pagó por todos los errores de todos nosotros, para poder recuperarnos, para permitirnos renovar la comunión rota con Él desde Adán, a pesar de que Él mismo también nos creó. Esa es la redención.

Pero tú y yo, al menor obstáculo o dificultad, lo culpamos y le decimos: "¿Por qué a mí? Eso no es justo." Nos deprimimos porque nos contaron que alguien habló mal de nosotros. Vivimos tan afanados por la opinión de otros que algunos se apartan de Jesús por lo que la gente piensa de Él. ¡Qué ironía! La próxima vez que no te saluden ni te inviten, que murmuren o te ofendan, recuerda que Él, Jesús, el Árbol Verde por excelencia, ya pagó un precio mucho mayor, por ti y por mí. ¿Podrías ignorar esta ofensa, sacudirte ese rencor y enfocarte en cosas mayores? No puedes vivir en Cristo sin matar a tu ego; sácatelo como un traje sucio y déjalo caer a tus pies; el primer paso para caminar verdaderamente libre comienza pisándolo.

"Entonces Jesús dijo a sus discípulos: Si alguno quiere venir en pos de mí, niéguese a sí mismo, y tome su cruz, y sígame." Mateo 16:24, Marcos 8:34, Lucas 9:23

Oración: Bendito Creador, ayúdame a preocuparme menos por mi imagen, y a centrarme más en ti.

DÍA 56

El Espíritu Santo quiere comunión conmigo.

"Cuando vio Simón que por la imposición de las manos de los apóstoles se daba el Espíritu Santo, les ofreció dinero, diciendo: Dadme también a mí este poder, para que cualquiera a quien yo impusiere las manos reciba el Espíritu Santo."
Hechos 8:18-19

SIMÓN ERA UN mago que gozaba de prestigio entre los crédulos, y cuando vio un poder mucho mayor al suyo: la impartición del Espíritu Santo, quiso obtenerlo. Si bien nos puede parecer absurdo que les haya ofrecido dinero, no es inusual que a veces inconscientemente queramos "comprar" el don de Dios con nuestras buenas acciones y excelente conducta moral, tratando de "merecer" que Dios se manifieste en nosotros. Pero al igual que tú con tus hijos, Dios no solo quiere tu buena conducta y obediencia, Él lo que más desea es tu completo amor y rendición.

No creo que la unción del Espíritu Santo de Dios esté reservada para personas perfectas ni infalibles, sino para todo aquel que gozoso y hambriento mantiene una relación diaria con el Espíritu Santo, de modo que Él, conociendo personalmente que los deseos de tu corazón están alineados a los suyos, puede venir y manifestarse con libertad y confianza en ti y, a través de ti, hacer y ejercer Su voluntad. De ese modo, Su inmenso poder es usado apropiadamente.

"Si vosotros permanecéis en mí, y mis palabras permanecen en vosotros, pedid lo que queráis y os será hecho" Juan 15:7

Oración: Señor, dame de Tu autoridad y de Tu poder, para ayudar a traer Tu Reino a la tierra.

DÍA 57

Hoy aguardo la guía de Dios.

*"El que habla por su propia cuenta, su **propia gloria busca**; pero el que **busca la gloria del que le envió,** éste es verdadero y no hay en él injusticia".* Juan 7:18

JESÚS LES ESTÁ respondiendo a sus propios hermanos, quienes le aconsejaban que se diera a conocer y que se manifestara Al mundo. verso 8. Y el Maestro nos enseña acá el secreto de Su humildad: **la sujeción completa al corazón del Padre.** Él va hasta el fondo para evaluar cada motivación, cada deseo, cada impulso…

Debemos evaluar continuamente la dirección de nuestros pasos porque hay caminos que, a ojos humanos parecen obvios, lógicos y hasta sabios, pero son espiritualmente errados. No importa cuánto nos estemos esforzando ni cuánto tiempo llevemos esperando, aguardemos Su guía. Si sientes desesperación por lo que deseas lograr, desde una promoción hasta conseguir pareja, comprar tú casa o tener un bebé, pregúntate qué gloria estás buscando. ¿Cuál es tu verdadera motivación? El orgullo suele ser inconsciente, pero Jesús nos da la vacuna: Buscar <u>Su</u> gloria. Él esperaba en el Padre, obedecía instrucciones, no dejaba que su ego y que la opinión de los demás (ni siquiera la de sus hermanos) lo apresurara, asegurándose de ese modo que su accionar siempre fuera **verdadero y sin injusticia.** Hay un tiempo para sembrar, un tiempo para cultivar y otro para cosechar, espera el momento así como el águila espera el viento fuerte para extender sus alas y elevarse. Confía en Dios. Esperemos que Dios abra las puertas para entrar, y dejemos atrás aquellas que Él ha cerrado, eso también es fe.

*"Esto dice el Santo, el Verdadero, el que tiene la llave de David, **el que abre y ninguno cierra, y cierra y ninguno abre**"* Apocalipsis 3:7b

Oración: Padre nuestro, dame paciencia y sabiduría para esperar tranquilo y seguro en ti.

DÍA 58

Hoy no me guío por las apariencias.

"Entonces Jesús le dijo: Judas, ¿con un beso entregas al Hijo del Hombre?" Lucas 22:48

H OY EN DÍA vivimos muy preocupados por el reconocimiento y por nuestra imagen, queriendo siempre una atención especial y procurando no ser ignorados. En medio de tanta comparación y obsesión por la apariencia, me causa una extraña forma de paz el ver que Jesús, el Hijo de Dios, no resaltaba entre sus seguidores, razón por la cual Judas tuvo que besarlo para que los romanos pudieran capturarlo. Yo imagino al Señor delgado y atlético (capaz de hacer larguísimas caminatas), enérgico (para sacar a los mercaderes del templo) y con buenos pulmones (para predicar sin micrófono en un monte o frente al mar); pero cuando Isaías profetiza sobre Él dice que *"no hay parecer en él, ni hermosura; le veremos, mas sin atractivo para que le deseemos."* Isaías 53:2

¡Qué gran enigma! Estamos tan distraídos hoy en día con los que se llevan las luces y aplausos, los flashes y alabanzas, que nos olvidamos de que es por la raíz que se nutre a la flor. No te guíes por la apariencia, recuerda que en Nazaret, hace unos dos mil años vivió un humilde carpintero *"el cual, siendo el resplandor de su gloria* [de Dios], *y la imagen misma de su sustancia, y quien sustenta todas las cosas con la palabra de su poder, habiendo efectuado la purificación de nuestros pecados por medio de sí mismo, se sentó a la diestra de la Majestad en las alturas,"* Hebreos 1:3

"El que es el mayor de vosotros, sea vuestro siervo. Porque el que se enaltece será humillado, y el que se humilla será enaltecido." Mateo 23:11-12

Oración: Gracias Jesucristo por Tu ejemplo de absoluta humildad; gracias por todo lo que hiciste. Te amo.

DÍA 59

Hoy hablo solo palabras de fe.

Jesús dijo: *"Porque **por tus palabras serás justificado**, y por tus palabras serás condenado."* Mateo 12:36 La Biblia dice además que somos **justificados** (hecho justos) por la fe en Jesucristo Romanos 3:28, 5:1, Gálatas 2:16, 3:24 y *"**Creí** por lo tanto **hablé**"* Salmos 116:10, 2 Corintios 4:13

NO PUEDO IMAGINARME a Dios llevando toda una contabilidad de cada una de nuestras palabras así como no puedo imaginarlo controlando el movimiento de los planetas o las mareas. Creo que a Dios le encantan los procesos y que es excelente automatizándolos. Veamos entonces las dos opciones:

- Si tus palabras son de fe demuestras que le crees a Dios y eres justificado.

- Si tus palabras son de temor demuestras que no le crees a Dios y eres condenado. Pero, ¿condenado por quién?

Tus palabras son profecías. Tu boca habla de aquello en que se ocupa tu mente, de aquello en que sinceramente crees (*"...de la abundancia del corazón habla la boca."* Mateo 12:34). Entonces eso comienza a sucederte a ti y a tu entorno. Con el pasar del tiempo tus buenos o malos frutos se hacen visibles y según su resultado, eres justificado o condenado. Es por eso que es imposible engañar a Dios...

"...por sus frutos los conoceréis" Mateo 7:20

Oración: Señor, yo quiero hablar como Tú hablas. Enséñame, y te ruego me corrijas antes de que hable mal.

DÍA 60

El Espíritu Santo me guía.

"Por lo cual también nosotros, desde el día que lo oímos, no cesamos de orar por vosotros, y de pedir que seáis **llenos del conocimiento de su voluntad en toda sabiduría e inteligencia espiritual,***"* Colosenses 1:9

HOY EN DÍA aún está de moda la Inteligencia Emocional, la cual arrojó muchísima luz sobre las verdaderas razones que causan tanto el éxito como el fracaso en prácticamente cualquier aspecto de la vida de una persona. Antes de ésta, la medición se centraba casi únicamente en el Coeficiente Intelectual. Sin embargo hace casi dos mil años ya Pablo hablaba de Inteligencia Espiritual que, junto a la sabiduría, tienen un mismo origen, ambas provienen de ser *"llenos del conocimiento de su voluntad."*

Eres inteligente intelectualmente cuando puedes deducir fórmulas y descifrar secuencias; eres inteligente emocionalmente cuando entiendes tus sentimientos y puedes adiestrarlos a tu favor; eres inteligente espiritualmente cuando conoces en profundidad la voluntad de Dios; cuando crees Su Palabra y la ejerces, cuando oras y sabes que Él es real; pero no es un ejercicio teórico sino una experiencia, algo práctico, algo que vives; estás lleno de lo que Él quiere, y tú voluntad se hace una con la de Él. En otras palabras, tu obediencia y comunión con Él es completa.

"Pero la unción que vosotros recibisteis de él permanece en vosotros, y **no tenéis necesidad de que nadie os enseñe;** *así como la unción misma os enseña todas las cosas, y es verdadera, y no es mentira, según ella os ha enseñado, permaneced en él."* 1 Juan 2:27

Oración: Espíritu de Dios, ilumíname, guíame, enséñame; recuérdame todas las cosas que me has hablado…

Ahora es un buen momento para que comiences a asistir a una Iglesia donde se enseña el Evangelio de Jesucristo. Si ya haz comenzado una relación con el Espíritu Santo de Dios, no la abandones ahora, persevera y verás Su fruto sobre ti y los tuyos. Y si aún no haz invitado a Jesucristo de Nazaret a guiar tu vida, te invito a hacerlo a través de esta sencilla pero poderosa oración:

Señor Jesús, te entrego mi corazón.

Yo reconozco mi necesidad de ti; yo creo que fuiste a esa cruz para pagar mis deudas, y creo que ciertamente eres el Hijo de Dios.

Ven a morar en mí; límpiame, sáname, restáurame.

Yo renuncio a todo pacto con el mundo y con el maligno, y confirmo mi único pacto contigo, mi Señor y Salvador. Amén.